CARTAS DE EPICURO

O livro é a porta que se abre para a realização do homem.

Jair Lot Vieira

CARTAS DE EPICURO

SOBRE A FELICIDADE
SOBRE OS FENÔMENOS CELESTES
SOBRE A FILOSOFIA DA NATUREZA

EDIÇÃO BILÍNGUE
GREGO-PORTUGUÊS

Tradução, introdução e notas
EDSON BINI
Estudou filosofia na Faculdade de Filosofia,
Letras e Ciências Humanas da USP.
É tradutor há mais de 40 anos.

edipro

Copyright da tradução e desta edição © 2021 by Edipro Edições Profissionais Ltda.

Títulos originais: ΕΠΙΚΟΥΡΟΣ ΗΡΟΔΟΤΩΙ; ΕΠΙΚΟΥΡΟΣ ΠΥΘΟΚΛΕΙ; e ΕΠΙΚΟΥΡΟΣ ΜΕΝΟΙΚΕΙ. Traduzidas com base no texto grego estabelecido por Hermann Usener e publicado em 1887 pela Teubner, em Leipzig, Alemanha.

Todos os direitos reservados. Nenhuma parte deste livro poderá ser reproduzida ou transmitida de qualquer forma ou por quaisquer meios, eletrônicos ou mecânicos, incluindo fotocópia, gravação ou qualquer sistema de armazenamento e recuperação de informações, sem permissão por escrito do editor.

Grafia conforme o novo Acordo Ortográfico da Língua Portuguesa.

1ª edição, 1ª reimpressão 2023.

Editores: Jair Lot Vieira e Maíra Lot Vieira Micales
Coordenação editorial: Fernanda Godoy Tarcinalli
Tradução, introdução e notas: Edson Bini
Edição de textos: Fernanda Godoy Tarcinalli
Preparação do texto original grego: Daniel M. Miranda
Preparação do texto em português: Lygia Roncel
Revisão: Brendha Rodrigues Barreto
Diagramação: Karina Tenório e Karine Moreto de Almeida
Arte da coleção: Mafagafo Studio
Ilustração e adaptação de capa: Marcela Badolatto | Studio Mandragora

Dados Internacionais de Catalogação na Publicação (CIP)
(Câmara Brasileira do Livro, SP, Brasil)

Epicuro.
    Cartas de Epicuro : sobre a felicidade, sobre os fenômenos celestes, sobre a filosofia da natureza / Epicuro; tradução Edson Bini. – 1. ed. – São Paulo: Edipro, 2021.

    Títulos originais: ΕΠΙΚΟΥΡΟΣ ΗΡΟΔΟΤΩΙ, ΕΠΙΚΟΥΡΟΣ ΠΥΘΟΚΛΕΙ, ΕΠΙΚΟΥΡΟΣ ΜΕΝΟΙΚΕΙ
    ISBN 978-65-5660-031-4 (impresso)
    ISBN 978-65-5660-032-1 (e-pub)

    1. Ética 2. Filosofia antiga I. Título.

20-50042   CDD-187

Índice para catálogo sistemático:
1. Epicuro : Filosofia antiga : 187

Maria Alice Ferreira – Bibliotecária – CRB-8/7964

---

edipro

São Paulo: (11) 3107-7050 • Bauru: (14) 3234-4121
www.edipro.com.br • edipro@edipro.com.br
@editoraedipro   @editoraedipro

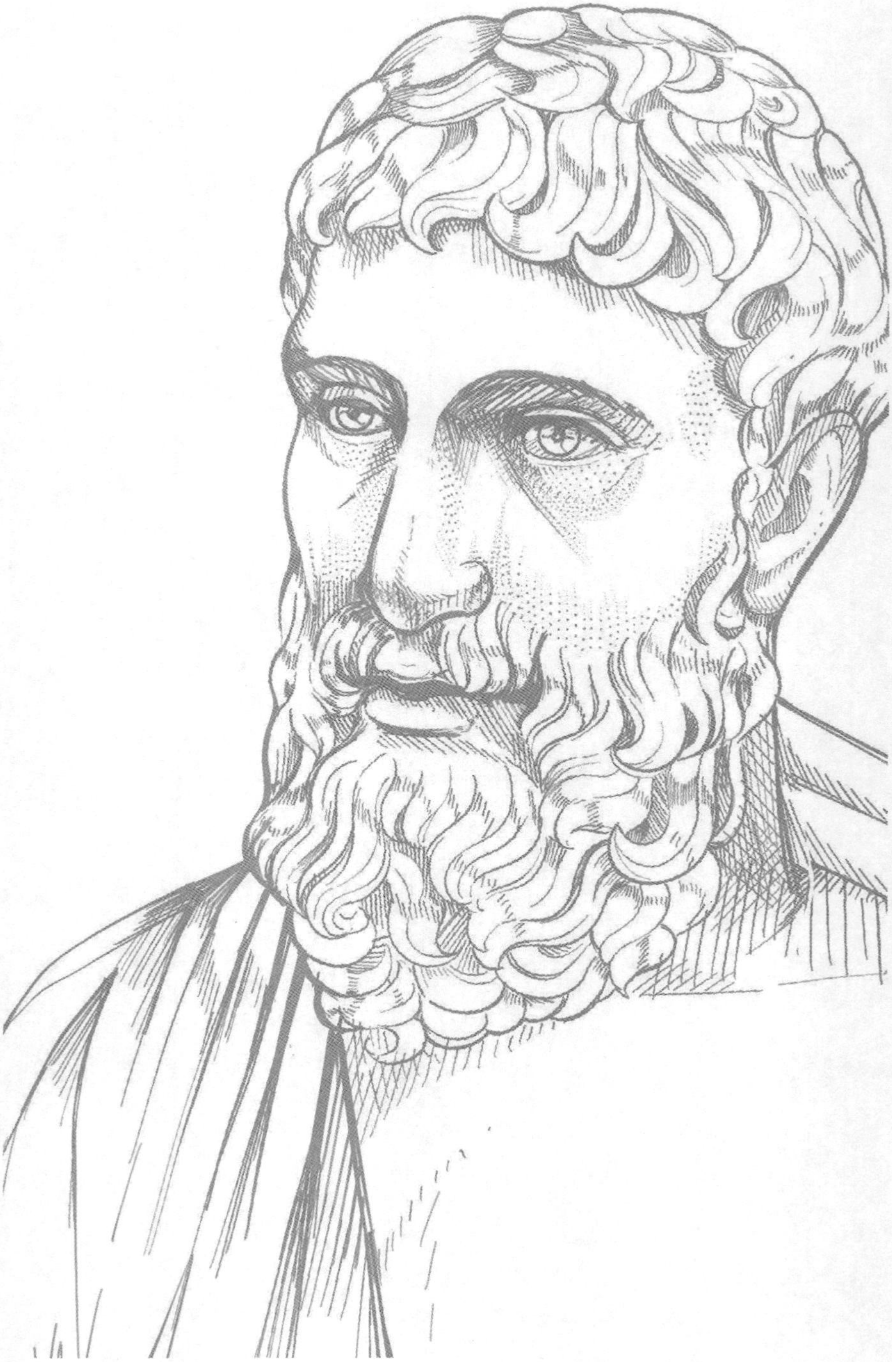

SUMÁRIO

Nota do tradutor   9

Nota da edição   10

Introdução   11

CARTAS

CARTA A HERÓDOTO   19
Sobre a filosofia da natureza

CARTA A PITÓCLES   81
Sobre os fenômenos celestes

CARTA A MENECEU   127
Sobre a felicidade

Epicuro: 151
breves traços biográficos e bibliográficos

NOTA DO TRADUTOR

Traduzimos as três *Cartas* a seguir a partir do texto em grego de Hermann Usener, que o estabeleceu não só com base em sua erudição e extremo zelo ao lidar com o material em manuscrito, como também produziu um texto que tornou menos árduo e desconfortável o trabalho do tradutor.

Realizamos esta tradução alternando (segundo as variações do texto) vizinhança da literalidade e flexibilização, embora sem recorrer pura e simplesmente à paráfrase. Como não traduzimos direta e isoladamente do original, mas a partir dele, servimo-nos do cotejamento com o trabalho de outros eminentes helenistas além de Usener.

As notas que acrescentamos ao texto em português, as quais devem ser encaradas como articulações necessárias da tradução, não têm nem exibem qualquer intenção ou pretensão erudita; procuramos apenas auxiliar o leitor na compreensão de alguns conceitos, ressaltar passagens que consideramos especialmente importantes do ponto de vista doutrinário, fornecer informações sumárias, indicar lacunas ou hiatos do texto (sempre nos amparando em Usener), apontar problemas linguísticos que incluem ou não suas soluções e reproduzir trechos do original concedendo transparência ao texto.

Os leitores que possuem conhecimento do grego antigo, em maior ou menor grau, graças à edição bilíngue gozam aqui de um proveito suplementar, podendo prontamente comparar o original com a tradução oferecida e até conceber sua própria tradução na hipótese de lerem diretamente o original.

Salvo raras exceções (que por vezes até indicamos nas notas), tomamos a liberdade de incorporar ao texto corrente aquilo que

Usener fez constar reservadamente dentro de < > ou abaixo de seu texto, em uma aceitação pura e simples de suas conjecturas.

Em algumas oportunidades realizamos registros entre [ ] que procuram completar o texto onde se encontra truncado. Esses casos são pouquíssimos, dada a excelência do texto original.

As { } indicam geralmente hiatos ou lacunas observados por Usener (∗∗∗ no texto grego).

Solicitamos ao leitor, razão de ser deste trabalho, que não hesite em enviar a esta Editora suas apreciações, críticas e sugestões. Essa participação, pela qual de antemão agradecemos, servirá para a correção e o aperfeiçoamento em prol das edições vindouras. Afinal *só erra quem faz*.

NOTA DA EDIÇÃO

Para a preparação desta edição bilíngue, disponibilizamos o mesmo conteúdo paralelamente em ambas as línguas, apresentando à esquerda o texto em grego e, à direita, seu correspondente em português.

A numeração referencial que incluímos à margem do texto em grego é a constante da edição de Hermann Usener publicada em 1887, que serviu de base a esta tradução. Em nossa diagramação, optamos por acrescentar no texto em grego uma barra para marcar os pontos em que se encerra o conteúdo de cada página na referida edição, facilitando assim ao leitor a compreensão da sequência da numeração indicativa das linhas apresentada junto ao texto original.

INTRODUÇÃO

Epicuro de Samos constitui uma personalidade intrigante e fascinante na história da filosofia ocidental por variados motivos, dos quais talvez os mais importantes tenham sido o próprio caráter atípico de suas doutrinas e, paradoxalmente, o desaparecimento da quase totalidade de seus escritos, que, segundo Diógenes Laércio, preencheram cerca de trezentos rolos.

Outro fator que torna a personalidade de Epicuro particularmente interessante é o fato de *já no seu tempo* (séculos IV e III a.C.) haver sido uma figura humana controvertida, amado e admirado por uns e odiado e criticado duramente por outros; seu êxito como líder de uma escola filosófica contou numerosos amigos e discípulos, mas também atraiu para si um grande contingente de inimigos e detratores.

Desde os tempos modernos, mas sobretudo contemporaneamente, foi e é muito comum falarmos de competição, concorrência, disputa de mercados, rivalidades em todos os setores da vida em sociedade: começando pelos núcleos familiares e perpassando os mundos artístico, científico, político, econômico, dos negócios, dos esportes etc. A competição acirrada na busca incessante não só de um lugar ao sol e do reconhecimento, como também de maior prosperidade, poder e sucesso possíveis (que parecem não conhecer limites!) é um elemento sempre presente na convivência dos seres humanos, principalmente, é claro, no seio das modernas e contemporâneas sociedades capitalistas pretensamente democráticas, que elegeram as riquezas, as posses e o "financismo" como fins últimos da humanidade, isso embora, transcendendo modelos econômicos e políticos, a competitividade pareça estar profundamente arraigada na própria natureza humana.

Assim, não é de estranhar que na Grécia dos séculos IV e III a.C. não só se competisse nas Olimpíadas, como também na relação conflitante das escolas e agremiações filosóficas. Ora, na Atenas democrática, centro cultural inconteste do mundo helênico, além da famosa Escola de Retórica de Isócrates, houve quatro grandes estabelecimentos que se ocuparam de filosofia: a Academia de Platão, o Liceu de Aristóteles, o Jardim de Epicuro e o Pórtico (estoicos). O *Jardim* foi fundado por volta de 306 a.C., ou seja, muito depois da morte de Sócrates (399 a.C.), de Platão (347? a.C.) e aproximadamente dezesseis anos após a de Aristóteles (322 a.C.). Epicuro foi contemporâneo de apenas um fundador de escola, isto é, de Zenão de Cítio (Chipre), que inaugurou o ensinamento do pensamento estoico. Mas ainda que a pujança da Academia e do Liceu não fosse a mesma dos dias de Platão e Aristóteles, essas instituições achavam-se em franca atividade nesse período.

Mas retomaremos o tema dos afetos e desafetos do homem Epicuro nos *Breves traços biográficos e bibliográficos* que se encontram no final desta edição. Agora nos concentraremos no imenso serviço prestado por ele à filosofia.

Tomando como base a *filosofia da natureza* (φυσιολογία [*physiología*]), fonte da qual bebeu copiosamente (sobretudo no atomismo do pré-socrático Demócrito de Abdera [460?-362? a.C.), mas construindo um compacto sistema filosófico englobando as áreas da teoria do conhecimento, da lógica e da ética, Epicuro candidata-se a ser o primeiro pensador "materialista" sistemático da história ocidental, em um franco contraste com os grandes filósofos que o antecederam de perto, nomeadamente Sócrates, Platão e Aristóteles, este último tendo por volta de 44 anos por ocasião do nascimento de Epicuro (341 a.C.).

Para Epicuro não havia como negar a presença de elementos míticos e religiosos na ética socrática, bem como a infiltração de componentes de cunho místico e mítico na metafísica platônica, que são coadjuvantes seja na *teoria das Ideias* (*Formas*) conjugada à concepção da dualidade *mundo inteligível* (νοητός τόπος [*noetós tópos*]) x *mundo sensível* (αἰσθητός τόπος [*aisthetós tópos*]), seja na imponente teoria cosmológica e antropológica exposta no *Timeu* encabeçada pelo Demiurgo, seja no recurso alegórico às doutrinas do karma e da metempsicose utilizado, sobretudo, no último Livro de *A República* e no *Fédon*.

Mesmo Aristóteles não dispensa *os deuses* (οἱ θεοί [*hoi theoí*]) na sua *Física*, nem o *primeiro motor imóvel* (πρῶτον κινοῦν ἀκίνητον [*prôton kinoŷn akíneton*]) (Deus) na sua *Metafísica*.

O esforço de Epicuro parece ser no sentido de eliminar do discurso filosófico, ou melhor, da ocupação filosófica, quaisquer elementos de natureza religiosa, mística e, acima de tudo, mítica. Em consonância com isso, na sua própria doutrina, frugal e pragmática, inexiste espaço para disciplinas tradicionais consagradas em outros sistemas, a começar obviamente pela ontologia (metafísica).

Entretanto, como o termo *materialismo* ressente-se de uma certa intempestividade por conta de seu uso na filosofia moderna, convém indicarmos no que consiste basicamente o materialismo epicuriano.

A *matéria* (ὕλη [*hýle*]) é o substrato, *o fundamento* (τὸ ὑποκείμενον [*tò hypokeímenon*]) necessário do universo (natureza terrestre e celeste). Epicuro evidentemente não nega a existência do *pensamento* (ἔννοια [*énnoia*]), que é processado no encéfalo, e nem a da *alma* (ψυχή [*psykhé*]), mas subordina a atividade intelectual à *sensação* (αἴσθησις [*aísthesis*]), isto é, sem o concurso da percepção sensorial não são produzidas noções, ideias, e a alma, por mais sutilíssimas que sejam as partículas atômicas que a constituem, é *material*. A matéria é constituída por átomos, que são corpúsculos minúsculos invisíveis, imperecíveis, eternos e insuscetíveis de divisão. Assim, pensamento e alma não se opõem à matéria nem dela se distinguem, não passando de suas *contingências* (συμπτώματα [*symptómata*]) ou *acidentes* (συμβεβηκότα [*symbebekóta*]).

A matéria, porém, não é ilimitada e não ocupa a totalidade do espaço, sendo delimitada pelo *vazio* (κενόν [*kenón*]) exterior a ela, que é onde ocorre o movimento; ao se moverem, os átomos em agregado formam os corpos simples e compostos.

Essa é, grosso modo e em breves linhas, a teoria "física" epicuriana, que, dando conta da explicação da natureza e do universo, prescinde da teoria metafísica, deixando metodicamente de lado tanto a questão do ser enquanto ser, quanto as contaminações de ordem teológica e mítica que a acompanham.

A investigação filosófica se esgota em três domínios: o da teoria do conhecimento e da lógica (τὸ κανονικόν [*tò kanonikón*]), o da filosofia da natureza (τὸ φυσικόν [*tò physikón*]) e o da ética (τὸ ἠθικόν [*tò ethikón*]); uma vez que a matéria e o universo existem eternamente, a investigação do não-ser, do vir a ser e do ser enquanto ser não faz nenhum sentido. Contudo, como a questão da conduta humana não é nem contemplada nem invalidada pela filosofia da natureza ("física"), a investigação da conduta humana (basicamente o que escolher e o que evitar nas ações) é necessária e faz sentido, isso embora venha a ter uma solução coerente e em paralelo com a filosofia da natureza.

Por outro lado, a univocidade e, por assim dizer, a fixidez semântica que Epicuro atribui às palavras no que respeita à linguagem tornam a teoria linguística completamente desnecessária, afastando da filosofia disciplinas tradicionalmente relevantes, como a hermenêutica, a dialética e a retórica. Quanto à política, ciência e disciplina filosófica de que se ocuparam larga e profundamente Platão e Aristóteles, também não consta doutrinariamente nas reflexões de Epicuro. Para ele, o *ser humano* (ἄνθρωπος [*ánthropos*]) nem é, como pensa Aristóteles, o ζῷον πολιτικόν (*zôion politikón*), animal da *pólis*, esta determinando, na qualidade de *cidadão* (πολίτης [*polítes*]), tanto sua essência quanto sua finalidade, nem será o membro individualmente depreciado de um Estado ideal comunista ou socialista, como quer Platão; é alguém que, buscando e atingindo o prazer autêntico e vivendo neste estado, alcança a felicidade em uma dimensão individual, embora vivendo em sociedade.

A ética epicuriana é concebida tendo como eixo três conceitos basilares: prazer (ἡδονή [*hedoné*]), tranquilidade da alma (ἀταραξία [*ataraxía*]) e felicidade, bem-aventurança (εὐδαιμονία [*eydaimonía*], μακαρία [*makaría*]). Essa ética tem conexão estreita com a filosofia da natureza.

A considerar que a vida humana não tem nenhuma dimensão espiritual, que a alma é material e, tal como o corpo, perecerá (restituindo seus átomos à natureza), que é vão cogitar da imortalidade da alma, da vida pós-morte, da metempsicose e mesmo da existência de um Deus supremo, e visto que os deuses (esses existentes, em repouso e bem-aventurados) não fazem parte do universo material e humano, e nada têm a ver conosco, e... finalmente, visto que a *morte* (θάνατος [*thánatos*]) não nos diz respeito em absoluto (*Carta a Meneceu*, 125.5), nossa vida neste mundo é tudo o que importa, e cabe exclusivamente a nós realizá-la virtuosa e prazerosamente em busca da felicidade.

Mas se Epicuro se atém aos conceitos ortodoxos e tradicionais das *virtudes* (ἀρεταί [*aretaí*]), seu conceito de *prazer* é distinto e específico. Não se trata de uma *emoção* ou de um *sentimento* (πάθος [*páthos*]) agradável e passageiro que experimentamos por meio dos sentidos (e que se opõe à dor), como os prazeres da mesa ou do sexo, ou aqueles menos grosseiros e refinados, como o toque suave e cálido dos raios solares sobre nossa pele ou a fruição resultante da visão de uma obra de arte etc. Trata-se, sim, de um estado contínuo, constituído por um misto de *ausência de qualquer perturbação* (ἀταραξία [*ataraxía*]), perturbação causada por emoções negativas (por exemplo, a cólera, o medo da morte e do mundo subterrâneo dos mortos, a insegurança quanto ao futuro) e contentamento pleno ligado ao mero fato de viver. Esse estado, que não é estado de êxtase místico, mas obtido mediante uma *conduta* (πρᾶξις [*prâxis*]) virtuosa, franqueia a felicidade.

Desde a antiguidade e ao longo dos séculos, graças a uma compreensão simplista e equívoca do conceito de prazer, a filosofia de Epicuro foi associada diretamente a um hedonismo vulgar muito distante de seu pensamento. Na *Carta a Meneceu* (131.5-132.15), Epicuro repudia explícita e taxativamente essa interpretação superficial de sua noção de prazer, que reduz sua filosofia a um sensualismo grosseiro.

Edson Bini

CARTAS

CARTA A HERÓDOTO

SOBRE A FILOSOFIA DA NATUREZA

ΕΠΙΚΟΥΡΟΣ ΗΡΟΔΟΤΩΙ ΧΑΙΡΕΙΝ

35 Τοῖς μὴ δυναμένοις, ὦ Ἡρόδοτε, ἕκαστα τῶν περὶ φύσεως ἀναγεγραμμένων ἡμῖν ἐξακριβοῦν μηδὲ τὰς μείζους τῶν συντεταγμένων βύβλους διαθρεῖν ἐπιτομὴν τῆς ὅλης πραγματείας εἰς τὸ κατασχεῖν τῶν ὁλοσχερωτάτων δοξῶν τὴν μνήμην ἱκανῶς ἄν τις παρασκευάσαι, ἵνα παρ' ἑκάστους τῶν καιρῶν ἐν τοῖς κυριωτάτοις βοηθεῖν αὑτοῖς δύνωνται, καθ' ὅσον ἂν ἐφάπτωνται τῆς περὶ φύσεως θεωρίας. Καὶ τοὺς προβεβηκότας δὲ ἱκανῶς ἐν τῇ τῶν ὅλων ἐπιβλέψει τὸν τύπον τῆς ὅλης πραγματείας τὸν κατεστοιχειωμένον δεῖ μνημονεύειν. τῆς γὰρ ἀθρόας ἐπιβολῆς πυκνὸν δεομεθα, 36 τῆς δὲ κατὰ μέρος οὐχ ὁμοίως. βαδιστέον μὲν οὖν καὶ ἐπ' ἐκεῖνα συνεχῶς, ἔν τε μνήμῃ τὸ τοσοῦτον ποιητέον, ἀφ' οὗ ἥ τε κυριωτάτη ἐπιβολὴ ἐπὶ τὰ πράγματα ἔσται καὶ δὴ καὶ τὸ κατὰ μέρος ἀκρίβωμα | πᾶν ἐξευρήσεται, τῶν ὁλοσχερωτάτων τύπων εὖ περιειλημμένων καὶ μνημονευομένων· ἐπεὶ καὶ τοῦ τετελεσιουργημένου τοῦτο κυριώτατον τοῦ παντὸς ἀκριβώματος γίνεται, τὸ ταῖς ἐπιβολαῖς ὀξέως δύνασθαι χρῆσθαι, ἑκάστων πρὸς ἁπλᾶ στοιχειώματα καὶ φωνὰς ἀναγομένων.

Epicuro a Heródoto: Salve!

A favor daqueles que não podem, Heródoto, examinar cuidadosamente cada um dos meus escritos sobre a natureza, nem considerar com atenção os principais livros que escrevi, elaborei uma síntese do conjunto de minha *doutrina*[1] para que retenham suficientemente de memória os princípios capitais a fim de que, devotando-se ao estudo da natureza, deles possam se valer proveitosamente em cada situação no que toca às questões mais importantes. Mas inclusive aqueles que avançaram o suficiente no pleno exame da doutrina na sua totalidade necessitam ter em mente o plano geral dela. Com efeito, a apreensão do todo nos é frequentemente necessária, ao passo que do mesmo modo aquela das particularidades não o é. Portanto, é o caso de trilhar esse caminho continuamente, mantendo o olhar no geral e retendo na memória o que nos possibilitará apreender o essencial das coisas descortinando o conjunto do *conhecimento exato*[2] em suas minúcias, uma vez tenham sido compreendidos e memorizados os planos gerais. Decerto, mesmo para aquele que haja consumado o seu estudo, o que constitui o mais importante do conhecimento exato de tudo é *poder empregar com acuidade as formas de apreensão, reduzindo cada uma delas a elementos e sentenças simples.*[3]

---

1. ...πραγματείας... (...*pragmateías*...).
2. ...ἀκρίβωμα... (...*akríboma*...).
3. ...τὸ ταῖς ἐπιβολαῖς ὀξέως δύνασθαι χρῆσθαι, ἑκάστων πρὸς ἁπλᾶ στοιχειώματα καὶ φωνὰς ἀναγομένων. ... (...*tò taîs epibolaîs oxéos dýnasthai khrêsthai, hekáston pròs haplâ stoikheiómata kaì phonàs anagoménon.* ...).

οὐ γὰρ οἷόν τε τὸ πύκνωμα τῆς συνεχοῦς τῶν ὅλων περιοδείας εἶναι μὴ δυναμένου διὰ βραχεῶν φωνῶν ἅπαν ἐμπεριλαβεῖν ἐν αὑτῷ τὸ καὶ κατὰ μέρος ἂν ἐξακριβωθέν. Ὅθεν δὴ πᾶσι χρησίμης οὔσης τοῖς ᾠκειωμένοις φυσιολογίᾳ τῆς τοιαύτης ὁδοῦ, παρεγγυῶν τὸ συνεχὲς ἐνέργημα ἐν φυσιολογίᾳ καὶ τοιούτῳ μάλιστα ἐγγαληνίζων τῷ βίῳ ἐποίησά σοι καὶ τοιαύτην τινὰ ἐπιτομὴν καὶ στοιχείωσιν τῶν ὅλων δοξῶν.

Πρῶτον μὲν οὖν τὰ ὑποτεταγμένα τοῖς φθόγγοις, ὦ Ἡρόδοτε, δεῖ εἰληφέναι, ὅπως ἂν τὰ δοξαζόμενα ἢ ζητούμενα | ἢ ἀπορούμενα ἔχωμεν εἰς ταῦτα ἀναγαγόντες ἐπικρίνειν, καὶ μὴ ἄκριτα πάντα ἡμῖν <ἴῃ> εἰς ἄπειρον ἀποδεικνύουσιν ἢ κενοὺς φθόγγους ἔχωμεν. ἀνάγκη γὰρ τὸ πρῶτον ἐννόημα καθ' ἕκαστον φθόγγον βλέπεσθαι καὶ μηθὲν ἀποδείξεως προσδεῖσθαι, εἴπερ ἕξομεν τὸ ζητούμενον ἢ ἀπορούμενον καὶ δοξαζόμενον ἐφ' ὃ ἀνάξομεν. ἔπειτα κατὰ τὰς αἰσθήσεις δεῖ πάντα τηρεῖν καὶ ἁπλῶς τὰς παρούσας ἐπιβολὰς εἴ τε διανοίας εἴ θ' ὅτου δή ποτε τῶν κριτηρίων, ὁμοίως δὲ καὶ τὰ ὑπάρχοντα πάθη, ὅπως ἂν καὶ τὸ προσμένον καὶ τὸ ἄδηλον ἔχωμεν οἷς σημειωσόμεθα.

Com efeito, não é possível ter *a noção sucinta e consistente*[4] do produto de um estudo contínuo de todas as coisas se não formos capazes de abarcar por meio de máximas breves aquilo que é passível de ser considerado com exatidão e pormenorizadamente; daí precisamente ser esse método útil a todos já familiarizados com o *estudo da natureza*;[5] ora, na medida em que prescrevo a ocupação ininterrupta no estudo da natureza *e neste produzi para mim a vida de máxima tranquilidade*,[6] escrevi para ti um resumo nesses moldes, incluindo uma apresentação dos princípios elementares da doutrina inteira.

Em primeiro lugar, Heródoto, é necessário ter entendimento *daquilo que serve de fundamento às palavras*,[7] de modo a podermos dispor de um critério, ao nos referirmos a elas, diante da opinião, ou da investigação, ou da dúvida; na ausência desse critério, envolveríamos tudo em uma infinidade de demonstrações ou disporíamos tão só de palavras vazias. Com efeito, é imperioso voltar o olhar para a concepção primordial de cada palavra, dispensando qualquer demonstração, se é verdade que contamos com algo a que dirigir o que constitui objeto de investigação, ou de dúvida e de opinião. Em seguida, é necessário atentar por completo pura e simplesmente para as percepções sensoriais, para *as apreensões presentes*,[8] sejam estas do intelecto, sejam fundadas em quaisquer outros critérios, e igualmente para *as paixões circunstanciais existentes*[9], com o objetivo de determinar aquilo que recebe confirmação e aquilo que, incerto, não apresenta indício de visibilidade.

---

4. ...τὸ πύκνωμα... (...*tò pýknoma*...).
5. ...φυσιολογία... (...*physiologíai*...).
6. ...καὶ τοιούτῳ μάλιστα ἐγγαληνίζων τῷ βίῳ ἐποίησά... (...*kaì toioýtoi málista eggalenízon tôi bíoi epoíesá*...).
7. ...τὰ ὑποτεταγμένα τοῖς φθόγγοις, ... (...*tà hypotetagména toîs phthóggois*, ...), ou seja, do significado original das palavras.
8. ...τὰς παρούσας ἐπιβολὰς... (...*tàs paroýsas epibolàs*...).
9. ...τὰ ὑπάρχοντα πάθη, ... (...*tà hypárkhonta páthe*, ...) ou, em uma tradução um tanto afastada da literalidade: ...os estados emocionais presentes... .

Ταῦτα δεῖ διαλαβόντας συνορᾶν ἤδη περὶ τῶν ἀδήλων·
πρῶτον μὲν ὅτι οὐδὲν γίνεται ἐκ τοῦ μὴ ὄντος. πᾶν γὰρ ἐκ
παντὸς ἐγίνετ' ἂν σπερμάτων γε οὐθὲν προσδεόμενον. καὶ εἰ
ἐφθείρετο δὲ τὸ ἀφανιζόμενον εἰς τὸ μὴ ὄν, πάντα ἂν ἀπωλώλει
τὰ πράγματα, οὐκ ὄντων εἰς ἃ | διελύετο. Καὶ μὴν καὶ τὸ πᾶν
ἀεὶ τοιοῦτον ἦν οἷον νῦν ἐστι, καὶ ἀεὶ τοιοῦτον ἔσται. οὐθὲν
γάρ ἐστιν εἰς ὃ μεταβαλεῖ. παρὰ γὰρ τὸ πᾶν οὐθέν ἐστιν, ὃ
ἂν εἰσελθὸν εἰς αὐτὸ τὴν μεταβολὴν ποιῆσαι.

Posto estar isso definido, é preciso considerar *a partir daqui o que* não *se circunscreve aos limites do visível*;[10] *primeiramente, nada existe que nasça do não ser*.[11] Com efeito, nesse caso tudo nasceria de tudo sem necessidade de nenhum sêmen. E se aquilo que desaparecesse fosse aniquilado no não ser, todas as coisas seriam destruídas, pois aquilo em que ocorreria sua dissolução não seria. Ademais, *o Todo*[12] foi sempre tal como é agora, e tal como sempre será. Nada existe, com efeito, em que possa se transformar, pois, além do Todo nada existe que nele ingressando produzisse a transformação.

---

10. ...συνορᾶν ἤδη περὶ τῶν ἀδήλων· (...*synorân éde perì tôn adélon·*) ou, em uma tradução na afirmativa: ...*a partir daqui o que se circunscreve aos limites do invisível...*, vale dizer *o que não é captado pela percepção sensorial*.
11. ...πρῶτον μὲν ὅτι οὐδὲν γίνεται ἐκ τοῦ μὴ ὄντος. ... (...*prôton mèn hóti oydèn gínetai ek toŷ mè óntos.* ...).
12. ...τὸ πᾶν... (...*tò pân...*), ou o universo.

Ἀλλὰ μὴν καὶ τὸ πᾶν ἐστι <σώματα καὶ τόπος>· σώματα μὲν γὰρ ὡς ἔστιν, αὐτὴ ἡ αἴσθησις ἐπὶ πάντων μαρτυρεῖ, καθ' ἣν ἀναγκαῖον τὸ ἄδηλον τῷ λογισμῷ τεκμαίρεσθαι, ὥσπερ προεῖπον. τόπος δὲ εἰ μὴ ἦν, ὃν κενὸν καὶ χώραν καὶ ἀναφῆ φύσιν ὀνομάζομεν, οὐκ ἂν εἶχε τὰ σώματα ὅπου ἦν οὐδὲ δι' οὗ ἐκινεῖτο, καθάπερ φαίνεται κινούμενα. παρὰ δὲ ταῦτα οὐθὲν οὐδ' ἐπινοηθῆναι δύναται οὔτε περιληπτικῶς οὔτε ἀναλόγως τοῖς περιληπτοῖς, ὅσα καθ' ὅλας φύσεις λαμβάνομεν καὶ μὴ ὡς τὰ τούτων συμπτώματα ἢ συμβεβηκότα λέγομεν. Καὶ μὴν καὶ τῶν σωμάτων τὰ μέν ἐστι συγκρίσεις, τὰ δ' ἐξ ὧν αἱ συγκρίσεις πεποίηνται· ταῦτα δέ ἐστιν ἄτομα καὶ | ἀμετάβλητα, εἴπερ μὴ μέλλει πάντα εἰς τὸ μὴ ὂν φθαρήσεσθαι ἀλλ' ἰσχύειν τι ὑπομένειν ἐν ταῖς διαλύσεσι τῶν συγκρίσεων, πλήρη τὴν φύσιν ὄντα, οὐκ ἔχοντα ὅπῃ ἢ ὅπως διαλυθήσεται. ὥστε τὰς ἀρχὰς ἀτόμους ἀναγκαῖον εἶναι σωμάτων φύσεις.

Mas o Todo é constituído por {*corpos e vazio*}.[13] Com efeito, o fato de os corpos existirem é testemunhado pela própria percepção sensorial em toda parte, impondo-se que seja nela, como eu já disse, que o raciocínio se respalda para realizar conjecturas em torno do que é invisível e incerto. E se não existisse aquilo que designamos como espaço, vazio, lugar e natureza impalpável, os corpos não teriam nem onde ser, nem onde se mover, quando se mostra evidente que se movem. Contudo, além deles[14] nada há que se possa conceber *de modo inteligível*[15] ou por analogia com aquilo que é inteligível, a considerarmos coisas como seres existentes por si e não coisas que chamamos de fortuitas ou contingentes. Acrescentemos que entre os corpos alguns são compostos, ao passo que outros são aqueles a partir dos quais são constituídos os compostos. Esses [corpos simples] são *indivisíveis e imutáveis*,[16] se é que todas as coisas não estão condenadas a ser destruídas no não ser, persistindo esses [corpos simples, indivisíveis e imutáveis] sem serem destruídos na dissolução dos corpos compostos, sendo eles naturalmente plenos, de natureza compacta, insuscetíveis de serem dissolvidos em nenhum lugar de si e de nenhuma maneira. Por isso, *os princípios indivisíveis*[17] são necessariamente *substâncias dos corpos*.[18]

---

13. { } ...σώματα καὶ τόπος... (...*sómata kaì tópos*...), acrescentado por Usener aparentemente em consonância com o emprego indiscriminado que Epicuro faz dos vocábulos τόπος (*tópos*), espaço, χώρα (*khóra*), lugar, κενόν (*kenón*), vazio, e da expressão ἀναφής φύσις (*anaphés phýsis*), natureza impalpável.
14. Ou seja, dos corpos e do vazio.
15. ...περιληπτικῶς... (...*perileptikôs*...).
16. ...ἄτομα καὶ ἀμετάβλητα, ... (...*átoma kaì ametábleta*, ...).
17. ...τὰς ἀρχὰς ἀτόμους... (...*tàs arkhàs atómoys*...).
18. ...σωμάτων φύσεις. ... (...*somáton phýseis*. ...).

Ἀλλὰ μὴν καὶ τὸ πᾶν ἄπειρόν ἐστι. τὸ γὰρ πεπερασμένον ἄκρον ἔχει· τὸ δὲ ἄκρον παρ' ἕτερόν τι θεωρεῖται. ὥστε οὐκ ἔχον ἄκρον πέρας οὐκ ἔχει· πέρας δὲ οὐκ ἔχον ἄπειρον ἂν εἴη καὶ οὐ πεπερασμένον. Καὶ μὴν καὶ τῷ πλήθει τῶν σωμάτων ἄπειρόν ἐστι τὸ πᾶν καὶ τῷ μεγέθει τοῦ κενοῦ. εἴ τε γὰρ ἦν τὸ κενὸν ἄπειρον, τὰ δὲ σώματα ὡρισμένα, οὐδαμοῦ ἂν ἔμενε τὰ σώματα, ἀλλ' ἐφέρετο κατὰ τὸ ἄπειρον κενὸν διεσπαρμένα, οὐκ ἔχοντα τὰ ὑπερείδοντα καὶ στέλλοντα κατὰ τὰς ἀνακοπάς. εἴ τε τὸ κενὸν ἦν ὡρισμένον, οὐκ ἂν εἶχε τὰ ἄπειρα σώματα ὅπου ἐνέστη.

Πρός τε τούτοις τὰ ἄτομα τῶν σωμάτων καὶ μεστά, ἐξ ὧν καὶ αἱ συγκρίσεις γίνονται καὶ εἰς ἃ διαλύονται, ἀπερίληπτά ἐστι ταῖς διαφοραῖς τῶν σχημάτων· οὐ γὰρ δυνατὸν γενέσθαι τὰς τοσαύτας διαφορὰς ἐκ τῶν αὐτῶν σχημάτων περιειλημμένων. Καὶ καθ' ἑκάστην δὲ σχημάτισιν ἁπλῶς ἄπειροί εἰσιν αἱ ὅμοιαι, ταῖς δὲ διαφοραῖς | οὐχ ἁπλῶς ἄπειροι ἀλλὰ μόνον ἀπερίληπτοι. Κινοῦνταί τε συνεχῶς αἱ ἄτομοι τὸν αἰῶνα *** καὶ αἱ μὲν εἰς μακρὰν ἀπ' ἀλλήλων διιστάμεναι, αἱ δὲ αὐτὸν τὸν παλμὸν ἴσχουσιν, ὅταν τύχωσι τῇ περιπλοκῇ κεκλιμέναι ἢ στεγαζόμεναι παρὰ τῶν πλεκτικῶν. ἥ τε γὰρ τοῦ κενοῦ φύσις ἡ διορίζουσα ἑκάστην αὐτὴν τοῦτο παρασκευάζει, τὴν ὑπέρεισιν οὐχ οἵα τε οὖσα ποιεῖσθαι· ἥ τε στερεότης ἡ ὑπάρχουσα αὐταῖς κατὰ τὴν σύγκρουσιν τὸν ἀποπαλμὸν ποιεῖ, ἐφ' ὁπόσον ἂν ἡ περιπλοκὴ τὴν ἀποκατάστασιν ἐκ τῆς συγκρούσεως διδῷ. ἀρχὴ δὲ τούτων οὐκ ἔστιν, ἀιδίων τῶν ἀτόμων οὐσῶν καὶ τοῦ κενοῦ. |

Ademais, o Todo é infinito. Com efeito, aquilo que é finito possui um extremo; ora, o extremo de uma coisa é observado por analogia com outra coisa. Portanto, não havendo extremo, não há limite; não havendo limite, trata-se do ilimitado ou infinito e não finito. Além disso, o Todo é infinito devido à grande quantidade dos corpos e à magnitude do vazio. Com efeito, fosse o vazio infinito e os corpos em um número *determinado*,[19] e os corpos não permaneceriam em lugar algum, mas sim seriam transportados daqui para lá através do vazio infinito, não tendo nada para sustentá-los e contê-los nos entrechoques. Se o vazio fosse determinado (finito), os corpos em número infinito não teriam onde se instalar.

Que se acresça que *os corpos indivisíveis e plenos (compactos)*[20] dos quais são gerados os compostos e nos quais estes se dissolvem exibem uma diversidade de formas incalculável; com efeito, não é possível que tanta diversidade seja gerada por um número delimitado de formas idênticas. E com relação a cada uma dessas formas o número de [indivisíveis (átomos)] semelhantes que a compõem é absolutamente infinito, isto embora as diferenças [de formas] não sejam absolutamente infinitas, mas apenas inumeráveis. Os átomos movem-se contínua e perpetuamente { }[21] e enquanto alguns distam bastante entre si, outros agitam-se no mesmo local quando se acham emaranhados ou encerrados pelos [átomos] entrelaçados. Isso ocorre devido à natureza do vazio que separa cada um dos átomos, a qual não consegue por si só sustentá-lo. A solidez [dos átomos] produz o seu ricochete ao se entrechocarem, ao passo que o emaranhamento os capacita, após o choque, a recuperar o posto inicial. *Não existe começo para isso, sendo os átomos e o vazio eternos.*[22]

---

19. ...ὡρισμένα, ... (...*horisména*, ...), ou seja, em um número finito.
20. ...τὰ ἄτομα τῶν σωμάτων καὶ μεστά, ... (...*tà átoma tôn somáton kaì mestá*, ...).
21. { } Usener indica aqui uma lacuna.
22. ...ἀρχὴ δὲ τούτων οὐκ ἔστιν, ἀιδίων τῶν ἀτόμων οὐσῶν καὶ τοῦ κενοῦ. ... (...*arkhè dè toýton oyk éstin, aidíon tôn atómon oysôn kaì toý kenoý.* ...).

45   Ἡ τοσαύτη δὴ φωνὴ τούτων πάντων μνημονευομένων τὸν ἱκανὸν τύπον ὑποβάλλει <ταῖς περὶ> τῆς τῶν ὄντων φύσεως ἐπινοίαις.
   Ἀλλὰ μὴν καὶ κόσμοι ἄπειροί εἰσιν οἵ θ' ὅμοιοι τούτῳ καὶ
5 οἱ ἀνόμοιοι. αἵ τε γὰρ ἄτομοι ἄπειροι οὖσαι, ὡς ἄρτι ἀπεδείχθη, φέρονται καὶ πορρωτάτω. οὐ γὰρ κατανήλωνται αἱ τοιαῦται ἄτομοι, ἐξ ὧν ἂν γένοιτο κόσμος ἢ ὑφ' ὧν ἂν ποιηθείη, οὔτ' εἰς ἕνα οὔτ' εἰς πεπερασμένους, οὔθ' ὅσοι τοιοῦτοι οὔθ' ὅσοι
10 διάφοροι τούτοις. ὥστε οὐδὲν τὸ ἐμποδοστατῆσόν ἐστι πρὸς τὴν ἀπειρίαν τῶν κόσμων.
46   Καὶ μὴν καὶ τύποι ὁμοιοσχήμονες τοῖς στερεμνίοις εἰσί, λεπτότησιν ἀπέχοντες μακρὰν τῶν φαινομένων. οὔτε γὰρ ἀποστάσεις ἀδυνατοῦσιν ἐν τῷ περιέχοντι γίνεσθαι τοιαῦται
15 οὔτ' ἐπιτηδειότητες πρὸς κατεργασίας τῶν κοιλωμάτων καὶ λειοτήτων γίνεσθαι, οὔτε ἀπόρροιαι τὴν ἑξῆς | θέσιν καὶ βάσιν διατηροῦσαι, ἥν περ καὶ ἐν τοῖς στερεμνίοις εἶχον· τούτους δὲ τοὺς τύπους εἴδωλα προσαγορεύομεν.

O que dissemos resumidamente a respeito de todas as coisas que aqui recordamos fornece uma noção suficiente e adequada do modo como pensamos *a natureza dos seres*.[23]

Ademais, existem *mundos*[24] infinitos, sendo alguns semelhantes a este nosso e outros diferentes. Com efeito, uma vez que os átomos, como há pouco demonstramos, são em número infinito, são movidos para os lugares mais remotos. De fato, os átomos a partir dos quais ou sob a ação dos quais um mundo é criado não são esgotados na formação de um único mundo, nem naquela de um número finito de mundos, nem naquela dos semelhantes a este ou naquela dos deste diferentes. Portanto, nada há que se oponha à infinidade dos mundos.

Existem também imagens dotadas da mesma forma dos sólidos, mas cuja tenuidade as torna largamente afastadas *daquilo que se revela*[25] a nós. Realmente está longe de ser impossível existir no meio circundante tais peculiaridades reunidas para gerar a produção de cavidades e lisuras, bem como *emanações*[26] que mantêm a disposição e posição que tinham em sucessão nos corpos sólidos; a essas imagens damos o nome de *simulacros*.[27]

---

23. ...τῆς τῶν ὄντων φύσεως... (...*tês tôn ónton phýseos*...).
24. ...κόσμοι... (...*kósmoi*...).
25. ...τῶν φαινομένων. ... (...*tôn phainoménon*. ...), ou seja, do que se oferece à percepção sensorial.
26. ...ἀπόρροιαι... (...*apórroiai*...).
27. ...εἴδωλα... (...*eídola*...).

καὶ μὴν καὶ ἡ διὰ τοῦ κενοῦ φορὰ κατὰ μηδεμίαν ἀπάντησιν τῶν ἀντικοψόντων γινομένη πᾶν μῆκος περιληπτὸν ἐν ἀπερινοήτῳ χρόνῳ συντελεῖ. βράδους γὰρ καὶ τάχους ἀντικοπὴ καὶ οὐκ ἀντικοπὴ ὁμοίωμα λαμβάνει. οὐ μὴν οὔθ' ἅμα κατὰ τοὺς διὰ λόγου θεωρητοὺς χρόνους καὶ τὸ φερόμενον σῶμα ἐπὶ τοὺς πλείους τόπους ἀφικνεῖται (ἀδιανόητον γὰρ καὶ τοῦτο), οὔτ' ἀφικνούμενον ἐν αἰσθητῷ χρόνῳ ὅθεν δήποθεν τοῦ ἀπείρου οὐκ ἐξ οὗ ἂν περιλάβωμεν τὴν φορὰν τόπου ἔσται ἀφιστάμενον· ἀντικοπῇ γὰρ ὅμοιον ἔσται, κἂν μέχρι τοσούτου τὸ τάχος τῆς φορᾶς μὴ ἀντικόπτον καταλίπωμεν.

É de se acrescer que não topando com nenhuma resistência em toda sua extensão, seu movimento através do vazio executa qualquer trajeto compreensível *em um tempo de brevidade impensável*.[28] Com efeito, pode-se julgar a lentidão pela analogia com a resistência e a velocidade pela analogia com a ausência de resistência. Fica claro, a considerarmos os instantes do tempo *por meio da razão*,[29] que o corpo em movimento não atinge simultaneamente lugares variados (com efeito, isto é inconcebível). Não é menos verdade que ele, considerando o *tempo sensorialmente percebido*,[30] se chegar a partir de qualquer ponto do infinito, independentemente de qual seja, se distanciará nos impossibilitando determinar para esse trajeto um ponto de partida capaz de nos permitir apreender esse deslocamento; realmente será semelhante a ter ele topado com uma resistência, embora tenhamos até aqui suposto que *a velocidade do deslocamento*[31] não topasse com uma.

---

28. ...ἐν ἀπερινοήτῳ χρόνῳ... (...*en aperinoétoi khrónoi*...).
29. ...διὰ λόγου... (...*dià lógoy*...).
30. ...αἰσθητῷ χρόνῳ... (...*aisthetôi khrónoi*...).
31. ...τὸ τάχος τῆς φορᾶς... (...*tò tákhos tês phorâs*...).

χρήσιμον δὴ καὶ τοῦτο κατασχεῖν τὸ στοιχεῖον. εἶθ' ὅτι τὰ
εἴδωλα ταῖς λεπτότησιν ἀνυπερβλήτοις κέχρηται, οὐθὲν
ἀντιμαρτυρεῖ τῶν φαινομένων· ὅθεν καὶ τάχη ἀνυπέρβλητα
ἔχει, πάντα πόρον σύμμετρον ἔχοντα πρὸς τῷ <τῷ> ἀπείρῳ
αὐτῶν | μηθὲν ἀντικόπτειν ἢ ὀλίγα ἀντικόπτειν, πολλαῖς δὲ καὶ
ἀπείροις εὐθὺς ἀντικόπτειν τι. πρός τε τούτοις, ὅτι ἡ γένεσις
τῶν εἰδώλων ἅμα νοήματι συμβαίνει. καὶ γὰρ ῥεῦσις ἀπὸ τῶν
σωμάτων τοῦ ἐπιπολῆς συνεχής, οὐκ ἐπίδηλος τῇ μειώσει
διὰ τὴν ἀνταναπλήρωσιν, σῴζουσα τὴν ἐπὶ τοῦ στερεμνίου
θέσιν καὶ τάξιν τῶν ἀτόμων ἐπὶ πολὺν χρόνον, εἰ καὶ ἐνίοτε
συγχεομένη ὑπάρχει, καὶ συστάσεις ἐν τῷ περιέχοντι ὀξεῖαι
διὰ τὸ μὴ δεῖν κατὰ βάθος τὸ συμπλήρωμα γίνεσθαι, καὶ ἄλλοι
δὲ τρόποι τινὲς γεννητικοὶ τῶν τοιούτων φύσεών εἰσιν. οὐθὲν
γὰρ τούτων ἀντιμαρτυρεῖται ταῖς αἰσθήσεσιν, ἂν βλέπῃ τίς τινα
τρόπον τὰς ἐναργείας, τίνα καὶ τὰς συμπαθείας ἀπὸ τῶν ἔξωθεν
πρὸς ἡμᾶς ἀνοίσει.

Trata-se de um elemento útil a ser retido na memória. Por outro lado, inexistem quaisquer *fenômenos*[32] que deponham contra a tenuidade insuperável dos simulacros, com o que sua velocidade também é insuperável, pois todos os simulacros encontram uma passagem de proporção idêntica a sua, além do que nada, ou poucas coisas a eles fazem resistência, enquanto muitos átomos, mesmo um número infinito destes topem diretamente com uma resistência. Ademais, a geração dos simulacros ocorre na mesma velocidade do pensamento. Com efeito, da superfície dos corpos fluem eles continuamente, sem que haja redução perceptível dos corpos devido ao imediato reabastecimento de novos átomos; a posição e a ordem dos simulacros, que eram as dos átomos no sólido, são conservadas por longo tempo, mesmo a despeito de acontecer às vezes de sua expansão ser confusa e a formação das associações no espaço circundante proceder-se rapidamente; *a razão disso* é o completo abastecimento *não se produzir necessariamente em profundidade,*[33] podendo, inclusive, os simulacros serem gerados de algumas outras maneiras. Nada disso realmente constitui um testemunho contrário aos sentidos se nos dispomos, de certo modo, a observar *as evidências*[34] a fim de explicar *as relações*[35] que mantemos com os objetos externos.

---

32. ...φαινομένων... (...*phainoménon*...), tudo aquilo que se revela à nossa percepção sensorial.
33. ...διὰ τὸ μὴ δεῖν κατὰ βάθος τὸ συμπλήρωμα γίνεσθαι, ... (...*dià tò mè deîn katà báthos tò symplèroma gínesthai,* ...).
34. ...τὰς ἐναργείας, ... (...*tàs enargeías,* ...).
35. ...τὰς συμπαθείας... (...*tàs sympatheías*...).

49 Δεῖ δὲ καὶ νομίζειν, ἐπεισιόντος τινὸς ἀπὸ τῶν ἔξωθεν τὰς μορφὰς ὁρᾶν ἡμᾶς καὶ διανοεῖσθαι· οὐ γὰρ ἂν ἐναποσφραγίσαιτο τὰ ἔξω τὴν ἑαυτῶν φύσιν τοῦ τε χρώματος καὶ τῆς μορφῆς διὰ τοῦ ἀέρος τοῦ μεταξὺ ἡμῶν τε κἀκείνων οὐδὲ διὰ τινῶν ἀκτίνων ἢ οἵων δή ποτε ῥευμάτων ἀφ' ἡμῶν πρὸς ἐκεῖνα παραγινομένων οὕτως, ὡς τύπων τινῶν ἐπεισιόντων ἡμῖν ἀπὸ τῶν πραγμάτων ὁμοχρόων | τε καὶ ὁμοιομόρφων κατὰ τὸ ἐναρμόττον μέγεθος εἰς τὴν ὄψιν ἢ τὴν διάνοιαν, ὠκέως ταῖς φοραῖς χρωμένων, εἶτα **50** διὰ ταύτην τὴν αἰτίαν τοῦ ἑνὸς καὶ συνεχοῦς τὴν φαντασίαν ἀποδιδόντων καὶ τὴν συμπάθειαν ἀπὸ τοῦ ὑποκειμένου σῳζόντων κατὰ τὸν ἐκεῖθεν σύμμετρον ἐπερεισμὸν ἐκ τῆς κατὰ βάθος ἐν τῷ στερεμνίῳ τῶν ἀτόμων πάλσεως. καὶ ἣν ἂν λάβωμεν φαντασίαν ἐπιβλητικῶς τῇ διανοίᾳ ἢ τοῖς αἰσθητηρίοις εἴ τε μορφῆς εἴ τε συμβεβηκότων, μορφή ἐστιν αὕτη τοῦ στερεμνίου, γινομένη κατὰ τὸ ἑξῆς πύκνωμα ἢ ἐγκατάλειμμα τοῦ εἰδώλου.

É imperioso considerar que se vemos e pensamos as formas, é porque algo de origem externa ingressou em nós. Com efeito, *as coisas externas*[36] não poderiam produzir uma impressão de sua forma e cor próprias por meio do ar existente no intervalo entre elas e nós, nem por meio de certos raios ou de quaisquer emanações partindo de nós para elas, como certas imagens dotadas de um movimento celeríssimo em nós ingressam, as quais possuem cor e forma idênticas àquelas das coisas das quais emanam, de acordo com uma grandeza ajustada à nossa visão ou à nossa inteligência; isso aponta para a causa dessas imagens apresentarem em seguida o aspecto de algo único e permanente e conservarem *a relação*[37] com o objeto de acordo com a pressão proporcional oriunda do objeto produzida pela *vibração dos átomos*[38] a partir do interior do sólido. E aquela *imagem*[39] da forma ou das *contingências*[40] que percebemos mediante empenho mental da inteligência ou graças aos *órgãos dos sentidos*[41] é a própria forma do sólido, na medida em que é gerada em conformidade com a compactação das emissões sucessivas do simulacro ou por aquilo que dele resta.

---

36. ...τὰ ἔξω... (...*tà éxo*...).
37. ...τὴν συμπάθειαν... (...*tèn sympátheian*...).
38. ...τῶν ἀτόμων πάλσεως. ... (...*tôn atómon pálseos*. ...).
39. ...φαντασίαν... (...*phantasían*...).
40. ...συμβεβηκότων, ... (...*symbebekóton*, ...), acidentes.
41. ...αἰσθητηρίοις... (...*aistheteríois*...).

τὸ δὲ ψεῦδος καὶ τὸ διημαρτημένον ἐν τῷ προσδοξαζομένῳ ἀεί ἐστιν <ἐπὶ τοῦ προσμένοντος> ἐπιμαρτυρηθήσεσθαι ἢ μὴ ἀντιμαρτυρηθήσεσθαι, εἶτ' οὐκ ἐπιμαρτυρουμένου <ἢ ἀντιμαρτυρουμένου>· ἥ τε γὰρ ὁμοιότης τῶν φαντασμῶν οἷον ἢ ἐν εἰκόνι λαμβανομένων ἢ καθ' ὕπνους γινομένων ἢ κατ' ἄλλας τινὰς ἐπιβολὰς τῆς διανοίας ἢ τῶν λοιπῶν κριτηρίων οὐκ ἄν ποτε ὑπῆρχε τοῖς οὖσί τε καὶ ἀληθέσι προσαγορευομένοις, εἰ μὴ ἦν τινα καὶ τοιαῦτα προσβαλλόμενα· | τό τε διημαρτημένον οὐκ ἂν ὑπῆρχεν, εἰ μὴ ἐλαμβάνομεν καὶ ἄλλην τινὰ κίνησιν ἐν ἡμῖν αὐτοῖς συνημμένην μὲν <τῇ φανταστικῇ ἐπιβολῇ>, διάληψιν δὲ ἔχουσαν· κατὰ δὲ ταύτην, ἐὰν μὲν μὴ ἐπιμαρτυρηθῇ ἢ ἀντιμαρτυρηθῇ, τὸ ψεῦδος γίνεται· ἐὰν δὲ ἐπιμαρτυρηθῇ ἢ μὴ ἀντιμαρτυρηθῇ, τὸ ἀληθές. καὶ ταύτην οὖν σφόδρα γε δεῖ τὴν δόξαν κατέχειν, ἵνα μήτε τὰ κριτήρια ἀναιρῆται τὰ κατὰ τὰς ἐναργείας μήτε τὸ διημαρτημένον ὁμοίως βεβαιούμενον πάντα συνταράττῃ.

A falsidade e o erro estão sempre naquilo que a opinião acrescenta, em vista de aguardar confirmação ou não contestação para na sequência verificar-se não confirmado ou contestado; com efeito, o que apreendemos, a saber, essas representações que guardam semelhança com as imagens produzidas por espelhos, ou geradas pelo *sono*[42] ou por outras formas de apreensão intelectual, ou ainda graças aos critérios restantes, não é o fundamento das coisas que denominamos *reais e verdadeiras*[43] se não existir aquilo com a mesma natureza ao que reportá-las; ademais, não haveria erro se não captássemos em nós mesmos um movimento diferente, que, embora vinculado *à apreensão imaginativa*,[44] dela se distingue. *A falsidade nasce em conformidade com ele não havendo confirmação ou havendo contestação; havendo confirmação ou não havendo contestação [nasce] a verdade.*[45] É necessário, portanto, se ater com muita firmeza a essa doutrina a fim de impedir que os critérios em conformidade com as evidências não sejam destruídos e que o erro, tendo as mesmas certezas da verdade, mergulhe tudo na confusão.

---

42. ...ὕπνους... (...*hýpnoys*...), acusativo plural, embora o contexto pareça sugerir preferivelmente ἐνύπνιον (*enýpnion*), sonho, acusativo singular.
43. ...οὖσι τε καὶ ἀληθέσι... (...*oŷsi te kaì alethési*...).
44. ...τῇ φανταστικῇ ἐπιβολῇ... (...*têi phantastikêi epibolêi*...).
45. ...κατὰ δὲ ταύτην, ἐὰν μὲν μὴ ἐπιμαρτυρηθῇ ἢ ἀντιμαρτυρηθῇ, τὸ ψεῦδος γίνεται· ἐὰν δὲ ἐπιμαρτυρηθῇ ἢ μὴ ἀντιμαρτυρηθῇ, τὸ ἀληθές. ... (...*katà dè taýten, eàn mèn mè epimartyrethêi è antimartyrethêi, tò pseýdos gínetai· eàn dè epimartyrethêi è mè antimartyrethêi, tò alethés*. ...).

Ἀλλὰ μὴν καὶ τὸ ἀκούειν γίνεται ῥεύματός τινος φερομένου ἀπὸ τοῦ φωνοῦντος ἢ ἠχοῦντος ἢ ψοφοῦντος ἢ ὅπως δή ποτε ἀκουστικὸν πάθος παρασκευάζοντος. τὸ δὲ ῥεῦμα τοῦτο εἰς ὁμοιομερεῖς ὄγκους διασπείρεται, ἅμα τινὰ διασῴζοντας συμπάθειαν πρὸς ἀλλήλους καὶ ἑνότητα ἰδιότροπον διατείνουσαν πρὸς τὸ ἀποστεῖλαν, καὶ τὴν ἐπαίσθησιν τὴν ἐπ' ἐκείνου ποιοῦντας, εἰ δὲ μή γε, τὸ ἔξωθεν μόνον ἔνδηλον παρασκευάζοντας· ἄνευ | γὰρ ἀναφερομένης τινὸς ἐκεῖθεν συμπαθείας οὐκ ἂν γένοιτο ἡ τοιαύτη ἐπαίσθησις. οὐκ αὐτὸν οὖν δεῖ νομίζειν τὸν ἀέρα ὑπὸ τῆς προιεμένης φωνῆς ἢ καὶ τῶν ὁμογενῶν σχηματίζεσθαι (πολλὴν γὰρ ἔνδειαν ἕξει τοῦτο πάσχειν ὑπ' ἐκείνης), ἀλλ' εὐθὺς τὴν γινομένην πληγὴν ἐν ἡμῖν, ὅταν φωνὴν ἀφίωμεν, τοιαύτην ἔγκλισιν ὄγκων τινὸς ῥεύματος πνευματώδους ἀποτελεστικὴν ποιεῖσθαι, ἣ τὸ πάθος τὸ ἀκουστικὸν ἡμῖν παρασκευάζει. Καὶ μὴν καὶ τὴν ὀσμὴν νομιστέον, ὥσπερ καὶ τὴν ἀκοὴν οὐκ ἄν ποτε οὐθὲν πάθος ἐργάσασθαι, εἰ μὴ ὄγκοι τινὲς ἦσαν ἀπὸ τοῦ πράγματος ἀποφερόμενοι σύμμετροι πρὸς τὸ τοῦτο τὸ αἰσθητήριον κινεῖν, οἱ μὲν τοῖοι τεταραγμένως καὶ ἀλλοτρίως, οἱ δὲ τοῖοι ἀταράχως καὶ οἰκείως ἔχοντες.

E também a audição nasce de certo fluxo que emana daquilo que produz *voz ou som inarticulado ou ruído*[46] ou qualquer outra *impressão auditiva*.[47] Esse fluxo se dispersa em partículas análogas, que ao mesmo tempo conservam uma relação recíproca e uma unidade característica que se estendem até [a fonte] da emissão e produzem *a sensação*[48] resultante ou ao menos se dispõem a revelar com clareza essa [fonte] externa; com efeito, sem essa relação aquela sensação não seria gerada. Assim, não se deve crer que é o próprio ar que recebe uma forma particular devido à emissão da voz ou de quaisquer outras manifestações sonoras (pois muito faltaria para o ar ser suscetível de receber tal forma); pelo contrário, o golpe que nos atinge ao emitirmos a voz produz imediatamente uma expulsão de partículas em um fluxo de natureza semelhante à do sopro do ar e é essa expulsão a responsável pela impressão auditiva. É necessário também considerar que o odor, como o som no caso da audição, não poderia gerar nenhuma impressão via órgãos dos sentidos se não houvesse, a partir da coisa, a emanação das partículas próprias para estimular o olfato, algumas delas suscetíveis de causar-lhe perturbação, enquanto outras não, sendo-lhe favoráveis.

---

46. ...φωνοῦντος ἢ ἠχοῦντος ἢ ψοφοῦντος... (...*phonoŷntos è ekhoŷntos è psophoŷntos*...).
47. ...ἀκουστικὸν πάθος... (...*akoystikòn páthos*...).
48. ...τὴν ἐπαίσθησιν... (...*tèn epaísthesin*...).

54   Καὶ μὴν καὶ τὰς ἀτόμους νομιστέον μηδεμίαν ποιότητα
τῶν φαινομένων προσφέρεσθαι πλὴν σχήματος καὶ βάρους καὶ
μεγέθους καὶ ὅσα ἐξ ἀνάγκης σχήματι συμφυῆ ἐστι. ποιότης
γὰρ πᾶσα μεταβάλλει· αἱ δὲ ἄτομοι οὐδὲν μεταβάλλουσιν,
ἐπειδή περ δεῖ τι ὑπομένειν ἐν ταῖς διαλύσεσι τῶν συγκρίσεων
στερεὸν καὶ ἀδιάλυτον, ὃ τὰς μεταβολὰς οὐκ εἰς τὸ μὴ ὂν
ποιήσεται οὐδ᾽ ἐκ τοῦ μὴ | ὄντος, ἀλλὰ κατὰ μεταθέσεις. ὅθεν
ἀναγκαῖον τὰ δὴ μετατιθέμενα ἄφθαρτα εἶναι καὶ τὴν τοῦ
μεταβάλλοντος φύσιν οὐκ ἔχοντα, ὄγκους δὲ καὶ σχηματισμοὺς
55 ἰδίους· τοῦτο γὰρ καὶ ἀναγκαῖον ὑποτιθέναι· καὶ γὰρ ἐν τοῖς
παρ᾽ ἡμῖν μετασχηματιζομένοις κατὰ τὴν περιαίρεσιν τὸ σχῆμα
ἐνυπάρχον λαμβάνεται, αἱ δὲ ποιότητες οὐκ ἐνυπάρχουσαι ἐν
τῷ μεταβάλλοντι, ὥσπερ ἐκεῖνο καταλείπεται, ἀλλ᾽ ἐξ ὅλου τοῦ
σώματος ἀπολλύμεναι. ἱκανὰ οὖν τὰ ὑπολειπόμενα ταῦτα τὰς
τῶν συγκρίσεων διαφορὰς ποιεῖν, ἐπειδή περ ὑπολείπεσθαί γέ
τινα ἀναγκαῖον, οὐκ εἰς τὸ μὴ ὂν φθείρεσθαι.

É preciso, ademais, considerar que os átomos não detêm nenhuma das qualidades *daquilo que se revela aos nossos sentidos*,[49] salvo a forma, o peso, a grandeza e tudo aquilo que, necessária e naturalmente, acompanha a primeira. *Com efeito, toda qualidade muda; os átomos, porém, em nada mudam*,[50] face à necessidade de algo sólido e indissolúvel permanecer em meio à dissolução dos compostos, *produzindo as transformações não no seio do não ser nem a partir do não ser, mas segundo transposições*.[51] [São transposições {em muitos [lugares]: tanto abordagens quanto distanciamentos}.][52] Impõe-se, portanto, que os [corpos] insuscetíveis de qualquer transformação sejam incorruptíveis e não tenham a natureza daquilo que se transforma, *mas massa e forma próprias;*[53] é necessário, inclusive, que isso subsista como fundamento; e, com efeito, quando [um corpo], diante de nós, assume nova forma subtraindo-se [alguns elementos] percebemos que embora a forma *continue internamente existente*[54] nele, as qualidades do que se transforma, como a forma, não continuam internamente existentes, mas desaparecem de todo o corpo. *Os atributos remanescentes como fundamento*[55] bastam para produzir as diferenças dos compostos, pois é necessário que algumas coisas subsistam enquanto fundamento, não sendo aniquiladas no não ser.

---

49. ...τῶν φαινομένων... (...*tôn phainoménon*...).
50. ...ποιότης γὰρ πᾶσα μεταβάλλει· αἱ δὲ ἄτομοι οὐδὲν μεταβάλλουσιν, ... (...*poiótes gàr pâsa metabállei· hai dè átomoi oydèn metabálloysin*, ...).
51. ...τὰς μεταβολὰς οὐκ εἰς τὸ μὴ ὂν ποιήσεται οὐδ᾽ ἐκ τοῦ μὴ ὄντος, ἀλλὰ κατὰ μεταθέσεις. ... (...*tàs metabolàs oyk eis tò mè ón poiésetai oyd' ek toŷ mè óntos, allà katà metathéseis.* ...).
52. { } ...ἐν πολλοῖς· τινῶν δὲ καὶ προςόδους καὶ ἀφόδους... (...*en polloîs· tinôn dè kaì prosódoys kaì aphódoys*...). Este texto entre chaves é acrescentado por Usener.
53. ...ὄγκους δὲ καὶ σχηματισμοὺς ἰδίους· ... (...*ógkoys dè kaì skhematismoỳs idíoys·* ...).
54. ...ἐνυπάρχον... (...*enypárkhon*...).
55. ...τὰ ὑπολειπόμενα... (...*tà hypoleipómena*...).

Ἀλλὰ μὴν οὐδὲ δεῖ νομίζειν πᾶν μέγεθος ἐν ταῖς ἀτόμοις ὑπάρχειν, ἵνα μὴ τὰ φαινόμενα ἀντιμαρτυρῇ· παραλλαγὰς δέ τινας μεγεθῶν νομιστέον εἶναι. βέλτιον γὰρ καὶ τούτου προσόντος τὰ κατὰ τὰ πάθη καὶ τὰς αἰσθήσεις γινόμενα ἀποδοθήσεται. πᾶν δὲ μέγεθος ὑπάρχειν οὔτε χρήσιμόν ἐστι πρὸς τὰς τῶν ποιοτήτων διαφοράς, ἀφῖχθαί τε ἅμ' ἔδει καὶ πρὸς ἡμᾶς ὁρατὰς ἀτόμους· ὃ οὐ θεωρεῖται γινόμενον, οὐδ' ὅπως ἂν γένοιτο ἔστιν ἐπινοῆσαι. | πρὸς δὲ τούτοις οὐ δεῖ νομίζειν ἐν τῷ ὡρισμένῳ σώματι ἀπείρους ὄγκους εἶναι οὐδ' ὁπηλίκους οὖν. ὥστε οὐ μόνον τὴν εἰς ἄπειρον τομὴν ἐπὶ τοὔλαττον ἀναιρετέον, ἵνα μὴ πάντα ἀσθενῆ ποιῶμεν κἀν ταῖς περιλήψεσι τῶν ἀθρόων εἰς τὸ μὴ ὂν ἀναγκαζώμεθα τὰ ὄντα θλίβοντες καταναλίσκειν, ἀλλὰ καὶ τὴν μετάβασιν μὴ νομιστέον γενέσθαι ἐν τοῖς ὡρισμένοις εἰς ἄπειρον μηδ' ἐπὶ τοὔλαττον. οὔτε γὰρ ὅπως, ἐπειδὰν ἅπαξ τις εἴπῃ ὅτι ἄπειροι ὄγκοι ἔν τινι ὑπάρχουσιν, οἱ ὁπηλίκοι οὖν, ἔστι νοῆσαι· πῶς τ' ἂν ἔτι τοῦτο πεπερασμένον εἴη τὸ μέγεθος;

Mas nem por isso consideremos que existem átomos de todos os tamanhos para não contrariarmos o testemunho dos fenômenos. Consideremos, porém, que existem átomos que apresentam certas diferenças de tamanho, o que nos facultará ter uma noção melhor *daquilo que sentimos e daquilo que percebemos*.[56] Entretanto, não há proveito algum, no intento de explicar as diferenças de qualidades, de conferir [aos átomos] todo tipo de tamanho, o que exigiria concomitantemente que os átomos fossem visíveis a nós (algo que não foi constatado), como se fosse concebível que pudessem se tornar visíveis. Não há necessidade, ademais, de pensar que em um corpo delimitado exista um número ilimitado de partículas detentoras de todos os tamanhos. Isso autoriza a supressão da *divisão ao infinito*[57] em partes cada vez menores, para na nossa compreensão conjunta dos agregados não *sermos forçados a comprimir os seres e consumi-los no não ser*.[58] Tampouco é o caso de crer que se possa, em meio aos [corpos] delimitados, avançar até o infinito rumo àquilo detentor da menor grandeza. Com efeito, diante da declaração de alguém de que em um todo limitado está contido um número infinito de partículas, ou partículas de qualquer dimensão, vemo-nos impossibilitados de compreender, ou seja, como esse todo poderia ainda ser limitado do ponto de vista da grandeza?

---

56. ...τὰ πάθη καὶ τὰς αἰσθήσεις... (...*tà páthe kaì tàs aisthéseis*...), ou, em uma tradução mais vizinha ao literal: ...dos sentimentos e das percepções sensoriais... .
57. ...ἄπειρον τομὴν... (...*ápeiron tomèn*...).
58. ...εἰς τὸ μὴ ὂν ἀναγκαζώμεθα τὰ ὄντα θλίβοντες καταναλίσκειν, ... (...*eis tò mè òn anagkazómetha tà ónta thlíbontes katanalískein*, ...).

πηλίκοι γάρ τινες δῆλον ὡς οἱ ἄπειροί εἰσιν ὄγκοι· καὶ οὗτοι ὁπηλίκοι ἄν ποτε ὦσιν, ἄπειρον ἂν ἦν καὶ τὸ μέγεθος. ἄκρον τε ἔχοντος τοῦ πεπερασμένου διαληπτόν, εἰ μὴ καὶ καθ' ἑαυτὸ θεωρητόν, οὐκ ἔστι μὴ οὐ καὶ τὸ ἑξῆς τούτου τοιοῦτον νοεῖν καὶ τοῦτο κατὰ τὸ ἑξῆς εἰς τοὔμπροσθεν βαδίζοντι εἰς τὸ ἄπειρον ὑπάρχειν κατὰ <τὸ> τοιοῦτον | ἀφικνεῖσθαι τῇ ἐννοίᾳ.
τό τε ἐλάχιστον τὸ ἐν τῇ αἰσθήσει δεῖ κατανοεῖν ὅτι οὔτε τοιοῦτόν ἐστιν οἷον τὸ τὰς μεταβάσεις ἔχον οὔτε πάντη πάντως ἀνόμοιον, ἀλλ' ἔχον μέν τινα κοινότητα τῶν μεταβατῶν, διάληψιν δὲ μερῶν οὐκ ἔχον· ἀλλ' ὅταν διὰ τὴν τῆς κοινότητος προσεμφέρειαν οἰηθῶμεν διαλήψεσθαί τι αὐτοῦ, τὸ μὲν ἐπιτάδε, τὸ δὲ ἐπέκεινα, τὸ ἴσον ἡμῖν δεῖ προσπίπτειν. ἑξῆς τε θεωροῦμεν ταῦτα ἀπὸ τοῦ πρώτου καταρχόμενοι καὶ οὐκ ἐν τῷ αὐτῷ, οὐδὲ μέρεσι μερῶν ἁπτόμεν', ἀλλ' ἢ ἐν τῇ ἰδιότητι τῇ ἑαυτῶν τὰ μεγέθη καταμετροῦντα, τὰ πλείω πλεῖον καὶ τὰ ἐλάττω ἔλαττον. ταύτῃ τῇ ἀναλογίᾳ νομιστέον καὶ τὸ ἐν τῇ ἀτόμῳ ἐλάχιστον κεχρῆσθαι.

Afinal está claro que essas partículas em número infinito detêm alguma grandeza, e que seja qual for esta grandeza, também a do todo será ilimitada. Ademais, uma vez que aquilo que é finito possui uma extremidade visível, ainda que não seja visível em si, isoladamente, estamos autorizados a pensar que a parte que a sucede também possui uma, de modo que avançando sempre gradativamente se pode atingir pelo *pensamento*[59] o infinito. É adicionalmente necessário considerar que a menor partícula sensorialmente perceptível, embora não seja de modo algum diferente daquilo que constitui *as transições*,[60] não é do mesmo tipo. Embora não possua partes distintas, há algo de comum entre essa partícula e as transições; quando, porém, por conta da *semelhança*[61] devida a esse traço comum cremos nele distinguir partes (uma aqui e outra lá), surge a necessidade de toparmos aí com partículas equivalentes. É de se considerar essas partículas mínimas, a começar pela primeira, sucessivamente sensíveis entre si, ainda que não estando no mesmo lugar e sem contato de suas partes; deve-se entrever aí, de preferência, um meio de mensurar as grandezas em função de seu caráter particular; há mais no maior e menos no menor. Trata-se de considerar essa analogia também aplicável *ao que há de menor no átomo.*[62]

---

59. ...ἐννοίᾳ. ... (...*ennoíai.* ...).
60. ...τὰς μεταβάσεις... (...*tàs metabáseis*...).
61. ...προσεμφέρειαν... (...*prosemphéreian*...).
62. ...τὸ ἐν τῇ ἀτόμῳ ἐλάχιστον... (...*tò en têi atómoi elákhiston*...).

μικρότητι γὰρ ἐκεῖνο δῆλον ὡς διαφέρει τοῦ κατὰ τὴν αἴσθησιν
θεωρουμένου, ἀναλογίᾳ δὲ τῇ αὐτῇ κέχρηται. ἐπεί περ καὶ ὅτι
μέγεθος ἔχει ἡ ἄτομος, κατὰ τὴν <τῶν> ἐνταῦθα ἀναλογίαν
κατηγορήσαμεν, μικρόν τι μόνον μακρὰν ἐκβάλλοντες. ἔτι
τε τὰ ἐλάχιστα καὶ ἀμιγῆ πέρατα δεῖ νομίζειν τῶν μηκῶν, τὸ
καταμέτρημα ἐξ αὐτῶν πρώτων τοῖς μείζοσι καὶ ἐλάττοσι
παρασκευάζοντα *** τῇ διὰ λόγου θεωρίᾳ ἐπὶ τῶν ἀοράτων. ἡ
γὰρ κοινότης ἡ ὑπάρχουσα αὐτοῖς πρὸς τὰ | ἀμετάβατα ἱκανὴ
τὸ μέχρι τούτου συντελέσαι. συμφόρησιν δὲ ἐκ τούτων κίνησιν
ἐχόντων οὐχ οἷόν τε γενέσθαι.

Καὶ μὴν καὶ τοῦ ἀπείρου ὡς μὲν ἀνωτάτω καὶ κατωτάτω, οὐ
δεῖ κατηγορεῖν *** τὸ ἄνω ἢ κάτω· εἰς μέντοι τὸ ὑπὲρ κεφαλῆς,
ὅθεν ἂν στῶμεν, εἰς ἄπειρον τεῖνον μηδέποτε φανεῖσθαι τοῦτο
ἡμῖν· ἢ τὸ ὑποκάτω τοῦ νοηθέντος εἰς ἄπειρον ἅμα ἄνω τε εἶναι
καὶ κάτω πρὸς τὸ αὐτό· τοῦτο γὰρ ἀδύνατον διανοηθῆναι.

Está claro que é sua pequenez que estabelece sua diferença daquilo que é contemplado mediante a percepção sensorial, sendo, porém, neste caso aplicada a mesma analogia. Na verdade, foi de acordo com essa analogia que enunciamos que o átomo possuía uma grandeza, apenas rejeitando o pequeno em favor do grande. Como *a especulação das coisas invisíveis [é feita] por meio da razão*,[63] é preciso também reconhecer que o que há de menor e que não se mescla constitui os limites extremos das extensões, concedendo, ademais, a medida primordial que empregamos na aferição das coisas maiores ou menores. Com efeito, para chegarmos às conclusões do que dizemos até aqui basta observar o caráter comum existente entre o que há de menor e o que não se move ou imutável. Não é possível, todavia, que a partir de um movimento próprio ocorresse a reunião desses elementos.

Além disso, não se deve do infinito afirmar como o mais alto e o mais baixo { }[64] o alto ou o baixo. Estamos cientes, contudo, de que se o espaço acima de nossas cabeças pode prolongar-se ao infinito partindo de onde nos encontramos, nunca acontecerá de tal espaço (ou daquele abaixo do lugar que entendemos como se prolongando ao infinito) revelar-se a nós simultaneamente alto e baixo em relação a um ponto idêntico. Com efeito, é impossível pensar isso.

---

63. ...τῇ διὰ λόγου θεωρίᾳ ἐπὶ τῶν ἀοράτων. ... (...*têi dià lógoy theoríai epì tôn aoráton*. ...). Usener aponta uma lacuna logo antes desta sentença.
64. { } Usener indica uma lacuna aqui.

ὥστε ἔστι μίαν λαβεῖν φορὰν τὴν ἄνω νοουμένην εἰς ἄπειρον
10 καὶ μίαν τὴν κάτω, ἂν καὶ μυριάκις πρὸς τοὺς πόδας τῶν ἐπάνω
τὸ παρ' ἡμῶν φερόμενον <ἐς> τοὺς ὑπὲρ κεφαλῆς ἡμῶν τόπους
ἀφικνῆται ἢ ἐπὶ τὴν κεφαλὴν τῶν ὑποκάτω τὸ παρ' ἡμῶν κάτω
φερόμενον· ἡ γὰρ ὅλη φορὰ οὐθὲν ἧττον ἑκατέρα ἑκατέρᾳ
ἀντικειμένη ἐπ' ἄπειρον νοεῖται.

61 Καὶ μὴν καὶ ἰσοταχεῖς ἀναγκαῖον τὰς ἀτόμους εἶναι, ὅταν
διὰ τοῦ κενοῦ εἰσφέρωνται μηθενὸς ἀντικόπτοντος. οὔτε γὰρ
τὰ βαρέα θᾶττον οἰσθήσεται τῶν μικρῶν καὶ κούφων, ὅταν γε
δὴ μηδὲν ἀπαντᾷ αὐτοῖς· οὔτε τὰ μικρὰ <βραδύτερον> τῶν
20 μεγάλων, πάντα πόρον σύμμετρον ἔχοντα, ὅταν μηθὲν μηδὲ
ἐκείνοις ἀντικόπτῃ· οὔθ' ἡ ἄνω οὔθ' | ἡ εἰς τὸ πλάγιον διὰ τῶν
κρούσεων φορά, οὔθ' ἡ κάτω διὰ τῶν ἰδίων βαρῶν. ἐφ' ὁπόσον
γὰρ ἂν κατίσχῃ ἑκάτερον, ἐπὶ τοσοῦτον ἅμα νοήματι τὴν φορὰν
62 σχήσει, ἕως <ἄν τι> ἀντικόψῃ, ἢ ἔξωθεν ἢ ἐκ τοῦ ἰδίου βάρους.

Daí, o que é admissível unicamente é um movimento ascendente pensado segundo um prolongamento ao infinito e um movimento descendente – mesmo que alguém que se distanciasse de nós rumo a lugares acima de nossas cabeças chegasse em um número incalculável de vezes aos pés das pessoas situadas acima de nós, ou alguém que se afastasse de nós na direção de lugares inferiores viesse a chegar acima das cabeças das pessoas situadas abaixo. De fato, em cada um dos casos, ainda que alguém encetasse um rumo oposto, nem por isso o movimento em sua totalidade seria menos pensado como se prolongando ao infinito.

Ademais, os átomos são necessariamente *igualmente velozes*[65] ao se deslocarem através do vazio sem se chocarem entre si ou contra algum obstáculo. Com efeito, os pesados não se moverão mais rápido do que os pequenos e leves, ao menos quando não toparem com nenhuma barreira; nem os pequenos {*mais lento*}[66] do que os grandes, uma vez que todos eles encontram uma passagem que lhes é proporcional, quando aí nada surja que venha para eles constituir uma barreira; nem será mais veloz ou mais lento o seu movimento ascendente, o oblíquo em razão dos choques e o descendente em função de seus próprios pesos particulares. Realmente, enquanto [o átomo] manter um ou outro desses tipos de movimento, seu movimento será tão célere quanto o do pensamento, até topar com uma resistência que a ele se oponha mediante um choque violento, *ou de origem externa ou a partir do próprio peso.*[67]

---

65. ...ἰσοταχεῖς... (...*isotakheîs*...).
66. { } ...βραδύτερον... (...*bradýteron*...), Usener, mas deve-se ler ...θάττον... (...*thátton*...), mais rápido.
67. ...ἢ ἔξωθεν ἢ ἐκ τοῦ ἰδίου βάρους. ... (...*è éxothen è ek toŷ idíoy bároys*. ...).

Ἀλλὰ μὴν καὶ κατὰ τὰς συγκρίσεις <οὐ> θάττων ἑτέρα ἑτέρας ῥηθήσεται τῶν ἀτόμων ἰσοταχῶν οὐσῶν, τῷ ἐφ' ἕνα τόπον φέρεσθαι τὰς ἐν τοῖς ἀθροίσμασιν ἀτόμους κατὰ τὸν ἐλάχιστον συνεχῆ χρόνον ἢ μὴ ἐφ' ἕνα· ἀλλὰ πυκνὸν ἀντικόπτουσιν, ἕως ἂν ὑπὸ τὴν αἴσθησιν τὸ συνεχὲς τῆς φορᾶς γίνηται. τὸ γὰρ προσδοξαζόμενον περὶ τοῦ ἀοράτου, ὡς ἄρα καὶ οἱ διὰ λόγου θεωρητοὶ χρόνοι τὸ συνεχὲς τῆς φορᾶς ἕξουσιν, οὐκ ἀληθές ἐστιν ἐπὶ τῶν τοιούτων· ἐπεὶ τό γε θεωρούμενον πᾶν ἢ κατ' ἐπιβολὴν λαμβανόμενον τῇ διανοίᾳ ἀληθές ἐστιν.

63   Μετὰ δὲ ταῦτα δεῖ συνορᾶν ἀναφέροντα ἐπὶ τὰς αἰσθήσεις καὶ τὰ πάθη (οὕτω γὰρ ἡ βεβαιοτάτη πίστις ἔσται), ὅτι ἡ ψυχὴ σῶμά ἐστι λεπτομερὲς παρ' ὅλον τὸ ἄθροισμα παρεσπαρμένον, προσεμφερέστατον δὲ πνεύματι | θερμοῦ τινα κρᾶσιν ἔχοντι καὶ πῇ μὲν τούτῳ προσεμφερές, πῇ δὲ τούτῳ, ἐπὶ δὲ τοῦ μέρους πολλὴν παραλλαγὴν εἰληφὸς τῇ λεπτομερείᾳ καὶ αὐτῶν τούτων, συμπαθὲς δὲ τούτῳ μᾶλλον καὶ τῷ λοιπῷ ἀθροίσματι· τοῦτο δὲ πᾶν αἱ δυνάμεις τῆς ψυχῆς δηλοῦν καὶ τὰ πάθη καὶ αἱ εὐκινησίαι καὶ αἱ διανοήσεις καὶ ὧν στερόμενοι θνήσκομεν.

É em vão que os átomos se empenham em ter igual velocidade, um [corpo] composto sendo mais rápido do que outro, o que é compreensível, pois os átomos congregados em grande número movem-se rumo a um único lugar em um mínimo de tempo ininterrupto, embora assumam direções distintas naqueles tempos racionalmente perceptíveis, o que se explica por colidirem ininterruptamente até a continuidade pertencente ao movimento ser sensorialmente perceptível. Com efeito, nesses casos, a conjectura de que mesmo *os tempos contempláveis pela razão teriam a continuidade de movimento, não é verdadeira*;[68] isto porque o fundamento de tal hipótese é o que é invisível quando, entretanto, tudo que é verdadeiro só o é se contemplado pela visão ou apreendido pelo pensamento.

Depois disso, é necessário considerar, em uma visão de conjunto, *as percepções sensoriais e as paixões*,[69] pois assim poderemos considerar com a garantia mais sólida *que a alma é um corpo sutil*[70] cujas partículas se difundem em um aglomerado, sendo ela sumamente semelhante a um sopro com uma mistura de calor, assemelhando-se tanto a um quanto a outra; entretanto, ela possui, devido ao delgado de suas partículas, aquela parte que a torna muito diferente deles e que tem uma relação mais estreita com o resto do conjunto; tudo isso expõe as faculdades da alma, as paixões, *a mobilidade fácil e extrema,*[71] os pensamentos e tudo aquilo cuja privação determina a morte.[72]

---

68. ...οἱ διὰ λόγου θεωρητοὶ χρόνοι τὸ συνεχὲς τῆς φορᾶς ἕξουσιν, οὐκ ἀληθές ἐστιν... (...*hoi dià lógoy theoretoì khrónoi tò synekhès tês phorâs héxoysin, oyk alethés estin*...).
69. ...τὰς αἰσθήσεις καὶ τὰ πάθη... (...*tàs aisthéseis kaì tà páthe*...).
70. ...ὅτι ἡ ψυχὴ σῶμά ἐστι λεπτομερὲς... (...*hóti he psykhè sômá esti leptomerès*...), ou, traduzindo mais próximo à literalidade e analiticamente: ...que a alma é um corpo composto de partículas finas... .
71. ...αἱ εὐκινησίαι... (...*hai eykinesíai*...), literalmente: ...os movimentos fáceis... .
72. Flagrante declaração daquilo que poderíamos chamar, talvez intempestivamente, de o "materialismo" epicuriano.

Καὶ μὴν καὶ ὅτι ἔχει ἡ ψυχὴ τῆς αἰσθήσεως τὴν πλείστην αἰτίαν, δεῖ κατέχειν· οὐ μὴν εἰλήφει ἂν ταύτην, εἰ μὴ ὑπὸ τοῦ λοιποῦ ἀθροίσματος ἐστεγάζετό πως. τὸ δὲ λοιπὸν ἄθροισμα παρασκευάσαν ἐκείνῃ τὴν αἰτίαν ταύτην μετείληφε καὶ αὐτὸ τοιούτου συμπτώματος παρ' ἐκείνης, οὐ μέντοι πάντων ὧν ἐκείνη κέκτηται· διὸ ἀπαλλαγείσης τῆς ψυχῆς οὐκ ἔχει τὴν αἴσθησιν. οὐ γὰρ αὐτὸ ἐν ἑαυτῷ ταύτην ἐκέκτητο τὴν δύναμιν, ἀλλ' ἕτερον ἅμα συγγεγενημένον αὐτῷ παρεσκεύαζεν, ὃ διὰ τῆς συντελεσθείσης περὶ αὐτὸ δυνάμεως κατὰ τὴν κίνησιν σύμπτωμα αἰσθητικὸν εὐθὺς ἀποτελοῦν ἑαυτῷ ἀπεδίδου κατὰ τὴν ὁμούρησιν καὶ συμπάθειαν καὶ ἐκείνῳ, καθά περ εἶπον. διὸ δὴ | καὶ ἐνυπάρχουσα ἡ ψυχὴ οὐδέποτε ἄλλου τινὸς μέρους ἀπηλλαγμένου ἀναισθητήσει· ἀλλ' ἃ ἂν καὶ ταύτης ξυναπόληται τοῦ στεγάζοντος λυθέντος εἴ θ' ὅλου εἴ τε καὶ μέρους τινός, ἐάν περ διαμένῃ, ἕξει τὴν αἴσθησιν· τὸ δὲ λοιπὸν ἄθροισμα διαμένον καὶ ὅλον καὶ μέρος οὐκ ἔχει τὴν αἴσθησιν ἐκείνου ἀπηλλαγμένου, ὅσον ποτὲ ἐστὶ τὸ συντεῖνον τῶν ἀτόμων πλῆθος εἰς τὴν τῆς ψυχῆς φύσιν. καὶ μὴν καὶ λυομένου τοῦ ὅλου ἀθροίσματος ἡ ψυχὴ διασπείρεται καὶ οὐκέτι ἔχει τὰς αὐτὰς δυνάμεις οὐδὲ κινεῖται, ὥστε οὐδ' αἴσθησιν κέκτηται.

E é necessário reter que está na alma a causa mais importante da sensação; a alma não seria dotada dessa faculdade se não fosse, de algum modo, envolvida *do resto do agregado*.[73] Mas como esse resto do agregado atribui à alma o papel de causa, também participa, por meio dela, dessa *ocorrência fortuita*,[74] não participando, todavia, de todas as ocorrências fortuitas que ela possui; é por isso que quando a alma o abandona, ele[75] deixa de sentir. Com efeito, ele não tinha em si próprio essa faculdade, mas fora concedida àquela[76] que nascera em simultaneidade com ele; [a alma] por intermédio da faculdade formada em torno de si produziu imediatamente para ela mesma de acordo com seu movimento uma *ocorrência fortuita sensível*,[77] da qual tornou partícipe [o resto do agregado] por conta de sua situação limítrofe e suas relações de reciprocidade, conforme o que eu já disse. Eis por que a alma nunca perde a sensibilidade enquanto pertencente ao resto do agregado, mesmo que uma parte deste se destaque; supondo que uma parte [da alma] pereça devido à dissolução total ou parcial do resto do agregado, ou seja, do corpo (não representando isso a destruição da própria alma) a sensação permanecerá; em contrapartida, quando é o caso da subsistência total ou parcial do resto do agregado, este não experimentará mais sensação se dele destacar-se a massa variavelmente grande ou pequena dos átomos constituintes da natureza da alma. Ademais, com a dissolução total do resto do agregado ocorre a dispersão da alma, a perda das faculdades de que era detentora antes e ela não se move mais, do que resulta que ela própria também se vê privada da sensibilidade.

---

73. ...τοῦ λοιποῦ ἀθροίσματος... (...*toŷ loipoŷ athroísmatos*...), ou resto do aglomerado. O resto do agregado é o ser à exclusão da alma, ou seja, fundamentalmente o corpo "físico" denso, já que a alma também é corpórea.
74. ...συμπτώματος... (...*symptómatos*...), ou acidente, ou contingência. A referência de Epicuro deve ser à sensação.
75. Ou seja, o resto do agregado (o corpo "físico" denso).
76. Quer dizer, à alma.
77. ...σύμπτωμα αἰσθητικὸν... (...*sýmptoma aisthetikòn*...), isto é, a sensação.

οὐ γὰρ οἷόν τε νοεῖν τὸ αἰσθανόμενον μὴ ἐν τούτῳ τῷ συστήματι καὶ ταῖς κινήσεσι ταύταις χρώμενον, ὅταν τὰ στεγάζοντα καὶ περιέχοντα μὴ τοιαῦτα ᾖ, ἐν οἷς νῦν οὖσα ἔχει ταύτας τὰς κινήσεις.

67 Ἀλλὰ μὴν καὶ τόδε γε δεῖ προσκατανοεῖν ὅ τι | τὸ ἀσώματον, τοῦ ὀνόματος ἐπὶ τοῦ καθ' ἑαυτὸ νοηθέντος ἄν· καθ' ἑαυτὸ δὲ οὐκ ἔστι νοῆσαι τὸ ἀσώματον πλὴν τοῦ κενοῦ. τὸ δὲ κενὸν οὔτε ποιῆσαι οὔτε παθεῖν δύναται, ἀλλὰ κίνησιν μόνον δι' ἑαυτοῦ
5 τοῖς σώμασι παρέχεται. ὥσθ' οἱ λέγοντες ἀσώματον εἶναι τὴν ψυχὴν ματάζουσιν. οὐθὲν γὰρ ἂν ἐδύνατο ποιεῖν οὔτε πάσχειν, εἰ ἦν τοιαύτη· νῦν δ' ἐναργῶς ἀμφότερα ταῦτα συμβαίνει περὶ
68 τὴν ψυχὴν τὰ συμπτώματα. ταῦτα οὖν πάντα τὰ διαλογίσματα
10 <τὰ> περὶ ψυχῆς ἀνάγων τις ἐπὶ τὰ πάθη καὶ τὰς αἰσθήσεις, μνημονεύων τῶν ἐν ἀρχῇ ῥηθέντων, ἱκανῶς κατόψεται τοῖς τύποις ἐμπεριειλημμένα εἰς τὸ <καὶ τὰ> κατὰ μέρος ἀπὸ τούτων ἐξακριβοῦσθαι βεβαίως.

Com efeito, é inconcebível que *o princípio das sensações*[78] exista fora desse conjunto orgânico e que dispense esses mesmos movimentos quando o que o protege e envolve deixou de ser como aquilo que é agora, a alma aí se encontrando e os executando. É preciso, porém, compreender que a palavra *incorpóreo*,[79] no seu sentido mais ordinário, aplica-se àquilo que pode ser pensado em si como tal. Ora, só o vazio é pensável em si como incorpóreo. Mas o vazio carece do poder quer de agir quer de sofrer ação, apenas admitindo que os corpos em movimento o atravessem. *Portanto, aqueles que declaram que a alma é incorpórea estão dizendo uma tolice.*[80] Com efeito, se fosse seria incapaz quer de agir quer de sofrer ação; ora, está claro que ambas essas contingências têm a ver com a alma. Assim, vincule-se às paixões e às sensações todos os raciocínios que dizem respeito à alma, retendo na memória o que dissemos no início, e se verá que nossos esboços oferecem no que concerne a isso uma noção suficiente para enveredarmos nos pormenores com precisão e segurança.[81]

---

78. ...τὸ αἰσθανόμενον... (...*tò aisthanómenon*...).
79. ...ἀσώματον, ... (...*asómaton*, ...).
80. ...ὥσθ' οἱ λέγοντες ἀσώματον εἶναι τὴν ψυχὴν ματάζουσιν. ... (...*hosth' hoi légontes asómaton eînai tèn psykhèn matáizoysin.* ...). É presumível que Epicuro aluda principalmente a Platão e aos platônicos.
81. O leitor deve ter notado que todas as considerações feitas por Epicuro com referência à alma situam-se estritamente no domínio da filosofia da natureza (φυσιολογία [*physiología*]), sem qualquer ingresso naquele da metafísica, já que as questões metafísicas não encontram espaço no materialismo epicuriano.

Ἀλλὰ μὴν καὶ τὰ σχήματα καὶ τὰ χρώματα καὶ τὰ μεγέθη
καὶ τὰ βάρη καὶ ὅσα ἄλλα κατηγορεῖται σώματος ὡσανεὶ
συμβεβηκότα ἢ πᾶσιν ἢ τοῖς ὁρατοῖς καὶ κατὰ τὴν αἴσθησιν
σώματος γνωστά, οὔθ' ὡς καθ' ἑαυτάς εἰσι | φύσεις δοξαστέον
(οὐ γὰρ δυνατὸν ἐπινοῆσαι τοῦτο), οὔτε ὅλως ὡς οὐκ εἰσίν,
οὔθ' ὡς ἕτερ' ἄττα προσυπάρχοντα τούτῳ ἀσώματα, οὔθ'
ὡς μόρια τούτου, ἀλλ' ὡς τὸ ὅλον σῶμα καθόλου μὲν <ἐκ>
τούτων πάντων τὴν ἑαυτοῦ φύσιν ἔχον ἀίδιον, οὐχ οἷον δ' εἶναι
συμπεφορημένον (ὥσπερ ὅταν ἐξ αὐτῶν τῶν ὄγκων μεῖζον
ἄθροισμα συστῇ ἤτοι τῶν πρώτων ἢ τῶν τοῦ ὅλου μερῶν τοῦδε
τινὸς ἐλαττόνων), ἀλλὰ μόνον, ὡς λέγω, ἐκ τούτων ἁπάντων
τὴν ἑαυτοῦ φύσιν ἔχον ἀίδιον. καὶ ἐπιβολὰς μὲν ἔχοντα ἰδίας
πάντα ταῦτά ἐστι καὶ διαλήψεις, συμπαρακολουθοῦντος δὲ
τοῦ ἀθρόου καὶ οὐθαμῇ ἀποσχιζόμενα, ἀλλὰ κατὰ τὴν ἀθρόαν
ἔννοιαν τοῦ σώματος κατηγορίαν εἰληφότα.

No que toca às formas, cores, grandezas, pesos e a todas as demais propriedades que afirmamos serem, por assim dizer, *acidentes*[82] ou de todos os corpos ou dos visíveis e cognoscíveis via percepção sensorial, não se deve partilhar da opinião de que são substâncias que existem em si (pois isso é impensável), nem tampouco afirmar que são absolutamente inexistentes; mas não são nem seres distintos incorpóreos inerentes ao corpóreo, nem partes deste; deve-se considerar, pelo contrário, que o corpo todo passa a possuir de modo geral sua natureza *eterna*[83] a partir de todos esses atributos, não sendo, porém, constituído por sua união (como quando os próprios átomos formam um agregado maior, ou constituintes primários de grandeza ou algumas grandezas menores que são frações do todo), mas todos esses atributos, como eu digo, apenas formam a natureza eterna [do corpo]. E a compreensão e apreensão desses atributos ocorrem de um modo particular, mas sempre *acompanhando passo a passo*[84] o agregado, o qual deles não está de modo algum dissociado, recebendo sim a qualidade em função da ideia de agregado do corpo.

---

82. ...συμβεβηκότα... (...*symbebekóta*...).
83. ...ἀίδιον, ... (...*aídion*, ...).
84. ...συμπαρακολουθοῦντος... (...*symparakoloythoýntos*...).

Καὶ μὴν καὶ τοῖς σώμασι συμπίπτει πολλάκις καὶ οὐκ ἀίδιον παρακολουθεῖν *** οὔτ' ἐν τοῖς ἀοράτοις ἔσται οὔτε ἀσώματα. ὥστε δὴ κατὰ τὴν πλείστην φορὰν τούτῳ τῷ ὀνόματι χρώμενοι φανερὰ ποιοῦμεν τὰ συμπτώματα οὔτε τὴν τοῦ ὅλου φύσιν ἔχειν, ὃ συλλαβόντες κατὰ τὸ ἀθρόον σῶμα προσαγορεύομεν, οὔτε τὴν τῶν ἀίδιον παρακολουθούντων, ὧν ἄνευ σῶμα οὐ δυνατὸν νοεῖσθαι· κατ' ἐπιβολὰς δ' ἄν τινας παρακολουθοῦντος τοῦ ἀθρόου ἕκαστα | προσαγορευθείη *** ἀλλ' ὅτῳ δή ποτε ἕκαστα συμβαίνοντα θεωρεῖται, οὐκ ἀίδιον τῶν συμπτωμάτων παρακολουθούντων. καὶ οὐκ ἐξελατέον ἐκ τοῦ ὄντος ταύτην τὴν ἐνάργειαν, ὅτι οὐκ ἔχει τὴν τοῦ ὅλου φύσιν ᾧ συμβαίνει οὐδὲ τὴν τῶν ἀίδιον παρακολουθούντων, οὐδ' αὖ καθ' αὑτὰ νομιστέον (οὐδὲ γὰρ τοῦτο διανοητέον οὔτ' ἐπὶ τούτων οὔτ' ἐπὶ τῶν ἀίδιον συμβεβηκότων), ἀλλ' ὅπερ καὶ φαίνεται, συμπτώματα πάντα σώματος νομιστέον, καὶ οὐκ ἀίδιον παρακολουθοῦντα οὐδ' αὖ φύσεως καθ' ἑαυτὰ τάγμα ἔχοντα, ἀλλ' ὃν τρόπον αὐτὴ ἡ αἴσθησις τὴν ἰδιότητα ποιεῖ, θεωρεῖται.

E os corpos topam frequentemente [com atributos] que *não os acompanham eternamente*,[85] {*contingências*}[86] que não estão no âmbito das coisas invisíveis e tampouco serão incorpóreas. Deste modo, se empregarmos esse nome[87] no seu sentido mais ordinário evidenciaremos que *as ocorrências fortuitas*[88] não possuem a natureza do *todo* que chamamos de *corpo*[89] compreendido como o agregado e que se distinguem das propriedades que acompanham eternamente o corpo, sem as quais não é possível pensá-lo; cada uma dessas [contingências] pode receber um nome com base em algumas apreensões que experimentamos do agregado que a acompanha { },[90] mas somente quando assistimos cada uma a nós sobrevir, uma vez que as ocorrências fortuitas não realizam um acompanhamento eterno. E é desnecessário eliminar essa evidência *daquilo que existe*[91] sob a alegação de que as [contingências] não têm nem a natureza do todo ao qual atingem, nem aquela das propriedades eternas que o acompanham, e tampouco pensar que existem por si mesmas (pois isso é tão impensável quanto no caso de atributos acidentais que se eternizam); porém, como é evidente, impõe-se pensar que todos os atributos são ocorrências fortuitas, que não acompanham o corpo no seu caráter eterno e que não são substâncias, mas que podem ser contemplados segundo a peculiaridade a eles concedida pela própria sensação.

---

85. ...οὐκ ἀίδιον παρακολουθεῖν... (...*oyk aídion parakoloytheîn*...).
86. { } Usener aponta um hiato aqui, que é preenchido.
87. Isto é, contingências, acidentes, ocorrências fortuitas. Atentar para a sequência imediata.
88. ...τὰ συμπτώματα... (...*tà symptómata*...).
89. ...σῶμα... (...*sôma*...).
90. { } Usener indica uma lacuna aqui.
91. ...τοῦ ὄντος... (...*toŷ óntos*...), do ser.

72   Καὶ μὴν καὶ τόδε γε δεῖ προσκατανοῆσαι σφοδρῶς·
τὸν γὰρ δὴ χρόνον οὐ ζητητέον ὥσπερ καὶ τὰ λοιπά, ὅσα ἐν
ὑποκειμένῳ ζητοῦμεν ἀνάγοντες ἐπὶ τὰς βλεπομένας παρ' ἡμῖν
15 αὐτοῖς προλήψεις, ἀλλ' αὐτὸ τὸ ἐνάργημα, καθ' ὃ τὸν πολὺν ἢ
ὀλίγον χρόνον ἀναφωνοῦμεν, συγγενικῶς τοῦτο ἐπιφέροντες,
ἀναλογιστέον. καὶ οὔτε διαλέκτους ὡς βελτίους μεταληπτέον,
ἀλλ' αὐταῖς ταῖς | ὑπαρχούσαις κατ' αὐτοῦ χρηστέον· οὔτε ἄλλό
τι κατ' αὐτοῦ κατηγορητέον ὡς τὴν αὐτὴν οὐσίαν ἔχον τῷ
ἰδιώματι τούτῳ (καὶ γὰρ τοῦτο ποιοῦσι τινές), ἀλλὰ μόνον ᾧ
συμπλέκομεν τὸ ἴδιον τοῦτο καὶ παραμετροῦμεν, μάλιστα
ἐπιλογιστέον.

Há outro aspecto que também deve ser observado de maneira incisiva, a saber: não há necessidade de compreender o tempo do modo como fazemos no tocante às demais coisas examinadas por nós em um substrato tendo em vista as *pré-noções*[92] que percebemos sensorialmente em nós mesmos; pelo contrário, de acordo com aquela própria *evidência*[93] que nos induz a exclamar "muito tempo" ou "pouco tempo" por nos ser inata, é preciso proceder por analogia. Ademais, não se deve recorrer a uma mudança para designações que a nós se afigurassem melhores, mas é preferível utilizar *as disponíveis*;[94] também não se deve conferir ao tempo uma outra qualidade, como se ele tivesse a mesma essência dessa propriedade particular (e, com efeito, é isso que alguns fazem), sendo suficiente refletirmos, sobretudo, naquilo a que estamos ligados e mediante o que estimamos a propriedade particular.

---

92. ...προλήψεις, ... (...*prolépseis*, ...).
93. ...ἐνάργημα, ... (...*enárgema*, ...).
94. ...ταῖς ὑπαρχούσαις... (...*taîs hyparkhoýsais*...).

73 καὶ γὰρ τοῦτο οὐκ ἀποδείξεως προσδεῖται ἀλλ' ἐπιλογισμοῦ, ὅτι ταῖς ἡμέραις καὶ ταῖς νυξὶ συμπλέκομεν καὶ τοῖς τούτων μέρεσιν, ὡσαύτως δὲ καὶ τοῖς πάθεσι καὶ ταῖς ἀπαθείαις, καὶ κινήσεσι καὶ στάσεσιν, ἴδιόν τι σύμπτωμα περὶ ταῦτα πάντα αὐτὸ
10 τοῦτο ἐννοοῦντες, καθ' ὃ χρόνον ὀνομάζομεν.

Ἐπί τε τοῖς προειρημένοις τοὺς κόσμους δεῖ καὶ πᾶσαν σύγκρισιν πεπερασμένην τὸ ὁμοιοειδὲς τοῖς θεωρουμένοις πυκνῶς ἔχουσαν νομίζειν γεγονέναι ἀπὸ τοῦ ἀπείρου, πάντων
15 τούτων ἐκ συστροφῶν ἰδίων ἀποκεκριμένων καὶ μειζόνων καὶ ἐλαττόνων· καὶ πάλιν διαλύεσθαι πάντα, τὰ μὲν θᾶττον, τὰ δὲ
74 βραδύτερον καὶ τὰ μὲν ὑπὸ τῶν τοιῶνδε, τὰ δὲ ὑπὸ τῶν τοιῶνδε πάσχοντα. Ἔτι δὲ | καὶ τοὺς κόσμους οὔτε ἐξ ἀνάγκης δεῖ νομίζειν ἕνα σχηματισμὸν ἔχοντας *** οὐδὲ γὰρ ἂν ἀποδείξειεν οὐδείς, ὡς <ἐν> μὲν τῷ τοιούτῳ καὶ οὐκ ἂν ἐμπεριελήφθη τὰ
5 τοιαῦτα σπέρματα, ἐξ ὧν ζῷά τε καὶ φυτὰ καὶ τὰ λοιπὰ πάντα <τὰ> θεωρούμενα συνίσταται, ἐν δὲ τῷ τοιούτῳ οὐκ ἂν ἐδυνήθη.

E isso com efeito, dispensa qualquer demonstração, bastando sim a reflexão de que o ligamos aos dias e às noites, às suas partes e do mesmo modo às paixões e à impassibilidade, aos movimentos e ao repouso, concebendo no tocante a todas essas coisas uma ocorrência fortuita particular que é o que chamamos de tempo.[95]

Além do que já declaramos, é necessário considerar que os *mundos*[96] e todos os compostos finitos que guardam uma forte semelhança com as coisas por nós observadas originam-se do infinito, sendo que todos, maiores ou menores, dissociam-se a partir de aglomerados particulares; convém, ademais, considerar que todos se dissolvem, alguns mais rapidamente, outros mais lentamente, sob o efeito uns de certas causas, outros sofrendo o efeito de outras. Além disso, não devemos crer que os mundos possuam necessariamente uma forma una { };[97] com efeito, seria impossível para alguém demonstrar que um determinado mundo pudesse conter ou não as sementes que dão origem aos animais, aos vegetais e a todo o resto por nós observado, enquanto um outro não pudesse fazê-lo.

---

95. Período especialmente expressivo cujo original destacamos, mesmo nesta edição bilíngue: ...καὶ γὰρ τοῦτο οὐκ ἀποδείξεως προσδεῖται ἀλλ' ἐπιλογισμοῦ, ὅτι ταῖς ἡμέραις καὶ ταῖς νυξὶ συμπλέκομεν καὶ τοῖς τούτων μέρεσιν, ὡσαύτως δὲ καὶ τοῖς πάθεσι καὶ ταῖς ἀπαθείαις, καὶ κινήσεσι καὶ στάσεσιν, ἴδιόν τι σύμπτωμα περὶ ταῦτα πάντα αὐτὸ τοῦτο ἐννοοῦντες, καθ' ὃ χρόνον ὀνομάζομεν. ... (...*kaì gàr toýto oyk apodeíxeos prosdeîtai all' epilogismoŷ, hóti toîs hemérais kaì toîs nyxì symplékomen kaì toîs toýton méresin, hosaýtos dè kaì toîs páthesi kaì taîs apatheíais, kaì kinésesi kaì stásesin, ídión ti sýmptoma perì taŷta pánta aytò toŷto ennooýntes, kath'hò khrónon onomázomen.* ...). Os conceitos epicurianos de *paixões* (πάθη) e *impassibilidade* (ἀπάθεια), praticamente identificáveis com os conceitos estoicos, apresentam um sentido específico e restrito e não o genérico e amplo, ou seja, as paixões são perturbações que afetam a alma, ao passo que a impassibilidade é a tranquilidade experimentada pela alma.
96. ...κόσμους... (...*kósmoys*...).
97. { } Usener indica uma lacuna aqui.

75   Ἀλλὰ μὴν ὑποληπτέον καὶ τὴν φύσιν πολλὰ καὶ παντοῖα ὑπὸ αὐτῶν τῶν πραγμάτων διδαχθῆναί τε καὶ ἀναγκασθῆναι· | τὸν δὲ λογισμὸν τὰ ὑπὸ ταύτης παρεγγυηθέντα ὕστερον ἐπακριβοῦν καὶ προσεξευρίσκειν ἐν μὲν τισὶ θᾶττον, ἐν δὲ τισὶ βραδύτερον καὶ ἐν μὲν τισὶ περιόδοις καὶ χρόνοις ***, ἐν δὲ τισὶ καὶ ἐλάττους. Ὅθεν καὶ τὰ ὀνόματα ἐξ ἀρχῆς μὴ θέσει γενέσθαι, ἀλλ' αὐτὰς τὰς φύσεις τῶν ἀνθρώπων καθ' ἕκαστα ἔθνη ἴδια πασχούσας πάθη καὶ ἴδια λαμβανούσας φαντάσματα ἰδίως τὸν ἀέρα ἐκπέμπειν στελλόμενον ὑφ' ἑκάστων τῶν παθῶν καὶ τῶν φαντασμάτων, ὡς ἄν ποτε καὶ ἡ παρὰ τοὺς τόπους τῶν ἐθνῶν διαφορὰ ᾖ·

Ademais, convém compreender bem que a natureza [do homem] muito aprendeu sobre uma variada gama de coisas sob a imposição e império dos próprios fatos; forçoso também conceber que mais tarde o raciocínio cumpriu escrupulosamente as instruções comunicadas pela natureza rumo a um aperfeiçoamento que ocorreu em uma velocidade variável (mais rápida ou mais lenta) mediante a adição de novas descobertas ao longo de certos períodos e *tempos* { },[98] [alguns maiores], outros menores. Isso explica porque os nomes no início não nasceram das convenções, mas considerando-se que os seres humanos experimentam sentimentos característicos e recebem imagens características, que são variáveis conforme cada um dos povos, sua própria natureza dispôs que a emissão do ar produzido *por cada um de seus sentimentos e cada uma de suas imagens*[99] seja característica, como algo diferente dependendo das regiões em que os povos habitam.

---

98. { } Usener aponta um hiato aqui, após χρόνοις (*khrónois*).
99. ...ὑφ' ἑκάστων τῶν παθῶν καὶ τῶν φαντασμάτων, ... (...*hyph' hekáston tôn pathôn kaì tôn phantasmáton*, ...): imagens que chegam ao intelecto mediante percepção sensorial de um objeto.

76 ὕστερον δὲ κοινῶς καθ' ἕκαστα ἔθνη τὰ ἴδια τεθῆναι πρὸς τὸ τὰς δηλώσεις ἧττον ἀμφιβόλους γενέσθαι ἀλλήλοις καὶ συντομωτέρως δηλουμένας· τινὰ δὲ καὶ οὐ συνορώμενα πράγματα εἰσφέροντας τοὺς συνειδότας παρεγγυῆσαι τινάς φθόγγους ἀναγκασθέντας ἀναφωνῆσαι, τοὺς δὲ τῷ λογισμῷ ἑλομένους κατὰ τὴν πλείστην αἰτίαν οὕτως ἑρμηνεῦσαι.

Καὶ μὴν <καὶ τὴν> ἐν τοῖς μετεώροις φορὰν καὶ τροπὴν καὶ ἔκλειψιν καὶ ἀνατολὴν καὶ δύσιν καὶ τὰ σύστοιχα | τούτοις μήτε λειτουργοῦντος τινὸς νομίζειν δεῖ γενέσθαι καὶ διατάττοντος
77 ἢ διατάξοντος καὶ ἅμα τὴν πᾶσαν μακαριότητα ἔχοντος μετὰ ἀφθαρσίας (οὐ γὰρ συμφωνοῦσιν πραγματεῖαι καὶ φροντίδες καὶ ὀργαὶ καὶ χάριτες μακαριότητι, ἀλλ' ἐν ἀσθενείᾳ καὶ φόβῳ καὶ προσδεήσει τῶν πλησίον ταῦτα γίνεται), μήτε αὖ πυρὸς ἀνάμματα συνεστραμμένου τὴν μακαριότητα κεκτημένα κατὰ βούλησιν τὰς κινήσεις ταύτας λαμβάνειν·

Posteriormente cada povo, em um consenso comum, estabeleceu expressões próprias com base em convenção, objetivando gerar entendimento mútuo nos intercâmbios, com menos ambiguidade e manifestação mais concisa; e no que se refere às *coisas ocultas*,[100] pessoas que delas eram conscientes introduziram sua noção transmitindo certas *palavras*[101] que a necessidade as obrigava a exclamar, ao passo que o raciocínio determinava que escolhessem outras segundo a causa principal que as levava a exprimir-se daquela maneira.

No que toca aos *fenômenos celestes*,[102] [a saber,] os movimentos que ocorrem no céu, os solstícios, os eclipses, o nascer e pôr-se dos astros e *os fenômenos do mesmo tipo*,[103] não é necessário crer que são gerados por *algo ou alguém*[104] que exerce essa função e os ordenaria ou devesse ordenar, e que fosse detentor simultaneamente de máxima bem-aventurança acompanhada de *incorruptibilidade*[105] (*pois ocupações, preocupações, sentimentos violentos e benevolência não se harmonizam com a bem-aventurança, mas nascem da fraqueza, do medo e da necessidade que temos de nosso próximo*);[106] tampouco que *globos ígneos*[107] fruem da bem-aventurança e se apoderam deliberadamente desses movimentos.[108]

---

100. ...οὐ συνορώμενα πράγματα... (...*oy synorómena prágmata*...), as coisas que não se deixam ver.
101. ...φθόγγους... (...*phthóggoys*...).
102. ...μετεώροις... (...*meteórois*...).
103. ...τὰ σύστοιχα ... (...*tà sýstoikha*...).
104. ...τινὸς... (...*tinòs*...).
105. ...ἀφθαρσίας... (...*aphtharsías*...) ou, entendendo *alguém* em lugar de *algo*: imortalidade.
106. ...οὐ γὰρ συμφωνοῦσιν πραγματεῖαι καὶ φροντίδες καὶ ὀργαὶ καὶ χάριτες μακαριότητι, ἀλλ' ἐν ἀσθενείᾳ καὶ φόβῳ καὶ προσδεήσει τῶν πλησίον ταῦτα γίνεται... (...*oy gàr symphonoýsin pragmateîai kaì phrontídes kaì orgaì kaì khárites makarióteti, all'en astheneíai kaì phóboi kaì prosdeései tôn plesíon taŷta gínetai*...). Epicuro, no seu materialismo, dispensa e rejeita o concurso de qualquer instância divina e aponta a incompatibilidade entre a noção metafísica de felicidade absoluta de um ser superior e imortal, e a presença factual das contingências humanas, cuja origem está sediada na própria insuficiência humana.
107. ...πυρὸς ἀνάμματα... (...*pyròs anámmata*...), literalmente *tochas de fogo*.
108. Também é rejeitada a ideia (presente, por exemplo, no platonismo) da natureza divina dos astros.

ἀλλὰ πᾶν τὸ σέμνωμα τηρεῖν, κατὰ πάντα ὀνόματα φερόμενον ἐπὶ τὰς τοιαύτας ἐννοίας, ἵνα μηδ' ὑπεναντίαι ἐξ αὐτῶν <γένωνται> τῷ σεμνώματι δόξαι· εἰ δὲ μή, τὸν μέγιστον τάραχον ἐν ταῖς ψυχαῖς αὐτὴ ἡ ὑπεναντιότης παρασκευάσει. ὅθεν δὴ κατὰ τὰς ἐξ ἀρχῆς ἐναπολήψεις τῶν συστροφῶν τούτων ἐν τῇ τοῦ κόσμου γενέσει δεῖ δοξάζειν καὶ τὴν ἀνάγκην ταύτην καὶ περίοδον συντελεῖσθαι. Καὶ μὴν καὶ <τὸ> τὴν ὑπὲρ τῶν κυριωτάτων αἰτίαν ἐξακριβῶσαι φυσιολογίας ἔργον εἶναι δεῖ νομίζειν, καὶ τὸ μακάριον ἐνταῦθα πεπτωκέναι καὶ ἐν τῷ τίνες φύσεις αἱ θεωρούμεναι κατὰ τὰ μετέωρα | ταυτί, καὶ ὅσα συντείνει πρὸς τὴν εἰς τοῦτο ἀκρίβειαν· ἔτι τε οὐ τὸ πλεοναχῶς ἐν τοῖς τοιούτοις εἶναι καὶ τὸ ἐνδεχόμενον καὶ ἄλλως πως ἔχειν, ἀλλ' ἁπλῶς μὴ εἶναι ἐν ἀφθάρτῳ καὶ μακαρίᾳ φύσει τῶν διάκρισιν ὑποβαλλόντων ἢ τάραχον μηθέν·

Trata-se, pelo contrário, de conservar em todas as palavras que se referem a esses conceitos o seu *aspecto majestoso*[109], para que as palavras não possibilitem o surgimento de opiniões que se oponham a esse caráter majestoso; se assim não for feito, essa oposição produzirá nas próprias almas o mais alto grau de perturbação. Conclusão: necessário se faz supor que a *necessidade*[110] e *trajetória circular*[111] observadas resultam das intercepções das aglomerações [de átomos] levadas a cabo desde o princípio na formação do mundo. Também se impõe considerar que cabe à *filosofia da natureza*[112] estimar com precisão *a causa dos [fenômenos] mais importantes*,[113] estando *a bem-aventurança*[114] aí mesmo na contemplação ou especulação dos fenômenos celestes, naquela de sua natureza ou de fatos pertinentes cujo estudo preciso leva a alcançar a bem-aventurança; é de se considerar ainda que esses tópicos não são suscetíveis de múltiplas explicações e que não é possível que as coisas sejam diferentes do que são, nada existindo *em uma natureza incorruptível e bem-aventurada*[115] capaz de fomentar a disputa ou a perturbação.

---

109. ...σέμνωμα... (...*sémnoma*...).
110. ...ἀνάγκην... (...*anágken*...).
111. ...περίοδον... (...*períodon*...).
112. ...φυσιολογίας... (...*physiologías*...), próximo ao literal: estudo da natureza.
113. ...τῶν κυριωτάτων αἰτίαν... (...*tôn kyriotáton aitían*...).
114. ...τὸ μακάριον... (...*tò makárion*...).
115. ...ἐν ἀφθάρτῳ καὶ μακαρίᾳ φύσει... (...*en aphthártoi kaì makaríai phýsei*...).

79 καὶ τοῦτο καταλαβεῖν τῇ διανοίᾳ ἔστιν ἁπλῶς εἶναι. τὸ δ᾽ ἐν
τῇ ἱστορίᾳ πεπτωκός, τῆς δύσεως καὶ ἀνατολῆς καὶ τροπῆς καὶ
ἐκλείψεως καὶ ὅσα συγγενῆ τούτοις μηθὲν ἔτι πρὸς τὸ μακάριον
τὰς γνώσεις συντείνειν, ἀλλ᾽ ὁμοίως τοὺς φόβους ἔχειν τοὺς
ταῦτα κατειδότας, τίνες δ᾽ αἱ φύσεις ἀγνοοῦντας καὶ τίνες αἱ
κυριώταται αἰτίαι, καὶ εἰ μὴ προσῄδεισαν ταῦτα· τάχα δὲ καὶ
πλείους, ὅταν τὸ θάμβος ἐκ τῆς τούτων προσκατανοήσεως μὴ
δύνηται τὴν λύσιν λαμβάνειν καὶ τὴν περὶ τῶν κυριωτάτων
οἰκονομίαν. διὸ δὴ κἂν πλείους αἰτίας εὑρίσκωμεν τροπῶν καὶ
δύσεων καὶ ἀνατολῶν καὶ ἐκλείψεων καὶ τῶν τοιουτοτρόπων,
80 ὥσπερ καὶ ἐν τοῖς κατὰ μέρος γινομένοις ἦν οὐ δεῖ νομίζειν τὴν
ὑπὲρ τούτων χρείαν ἀκρίβειαν μὴ ἀπειληφέναι, ὅση πρὸς τὸ
ἀτάραχον καὶ μακάριον ἡμῶν συντείνει.

E que isso seja simplesmente assim o admite a inteligência. Mas quando se trata de investigar a respeito do poente ou do nascente dos astros, dos solstícios, dos eclipses e de todos os fenômenos semelhantes, constatamos que o conhecimento de que dispomos deles em nada contribui para a bem-aventurança; mesmo os conhecedores desses assuntos, tanto ignorando a natureza desses fenômenos quanto as suas causas mais importantes, são igualmente vítimas dos mesmos medos, tal como se estivessem mergulhados na ignorância dessas coisas; é possível que seus temores sejam ainda maiores quando acontece de não haver possibilidade de dissolver o aturdimento produzido pelo conhecimento suplementar através da compreensão administrada ordenadamente dos fenômenos mais importantes. Portanto, na hipótese de descobrirmos múltiplas causas para os solstícios, poentes ou nascentes dos astros, eclipses e fenômenos do mesmo tipo, como vimos nos casos particulares por nós examinados, que isso não nos induza a crer que falta a esse saber de que nos servimos a exatidão suficiente que permita atingirmos nossa *tranquilidade*[116] e felicidade.

---

116. ...ἀτάραχον... (...*atárakhon*...), ausência de perturbação que assegura a serenidade da alma.

ὥστε παραθεωροῦντας ποσαχῶς παρ' ἡμῖν τὸ ὅμοιον γίνεται, αἰτιολογητέον ὑπέρ τε τῶν μετεώρων καὶ παντὸς τοῦ ἀδήλου, καταφρονοῦντας | τῶν οὔτε <τὸ> μοναχῶς ἔχον ἢ γινόμενον γνωριζόντων οὔτε τὸ πλεοναχῶς συμβαῖνον τήν <τ'> ἐκ τῶν ἀποστημάτων φαντασίαν παριδόντων, ἔτι τε ἀγνοούντων καὶ ἐν ποίοις οὐκ ἔστιν ἀταρακτῆσαι. ἂν οὖν οἰώμεθα καὶ ὡδί πως ἐνδεχόμενον αὐτὸ γίνεσθαι, ἐφ' οἵοις ὁμοίως ἀταρακτῆσαι, αὐτὸ τὸ ὅτι πλεοναχῶς γίνεται γνωρίζοντες ὥσπερ κἂν ὅτι ὡδί πως γίνεται εἰδῶμεν ἀταρακτήσομεν.

Por isso, trata-se de observar comparativamente as causas dos fenômenos celestes, incluindo *tudo o que não se mostra*,[117] baseando-se na variedade de modos mediante a qual são produzidos os fatos análogos no domínio de nossa experiência, dirigindo somente desprezo àqueles que desconhecem tanto o que tem um único modo de ser ou de vir a ser quanto o que tem vários, pessoas que não atentam para a ideia da distância que nos separa dos objetos percebidos e que são, ademais, ignorantes das condições em que se pode ou não estar com a alma tranquila. Portanto, se supomos que [um determinado fenômeno] pode se produzir aqui de alguma maneira, estarmos cientes de que se produz de múltiplas maneiras gerará a mesma tranquilidade de alma de que igualmente disporíamos cientes de que se produz daquela determinada maneira.

---

117. ...παντὸς τοῦ ἀδήλου, ... (...*pantòs toŷ adéloy*, ...), ou seja, aquilo que a nossa percepção sensorial não capta.

81 Ἐπὶ δὲ τούτοις ὅλως ἅπασιν ἐκεῖνο δεῖ κατανοεῖν, ὅτι τάραχος
ὁ κυριώτατος ταῖς ἀνθρωπίναις ψυχαῖς γίνεται ἐν τῷ ταῦτα
μακάριά τε δοξάζειν <εἶναι> καὶ ἄφθαρτα, καὶ ὑπεναντίας ἔχειν
τούτῳ βουλήσεις ἅμα καὶ πράξεις καὶ αἰτίας, καὶ ἐν τῷ αἰώνιόν
τι δεινὸν ἀεὶ προσδοκᾶν ἢ ὑποπτεύειν κατὰ τοὺς μύθους εἴ τε
καὶ αὐτὴν τὴν ἀναισθησίαν τὴν ἐν τῷ τεθνάναι φοβουμένους
ὥσπερ οὖσαν κατ' αὐτούς, καὶ ἐν τῷ μὴ δόξαις ταῦτα πάσχειν
ἀλλ' ἀλόγῳ γέ τινι παραστάσει, ὅθεν μὴ ὁρίζοντας τὸ δεινὸν
τὴν ἴσην ἢ καὶ ἐπιτεταμένην ταραχὴν λαμβάνειν τῷ εἰκαίως
82 δοξάζοντι ταῦτα· ἡ δὲ ἀταραξία τῷ τούτων πάντων | ἀπολελύσθαι
καὶ συνεχῆ μνήμην ἔχειν τῶν ὅλων καὶ κυριωτάτων.

Ὅθεν τοῖς πάθεσι προσεκτέον τοῖς παροῦσι καὶ ταῖς
αἰσθήσεσι, κατὰ μὲν τὸ κοινὸν ταῖς κοιναῖς, κατὰ δὲ τὸ ἴδιον
ταῖς ἰδίαις, καὶ πάσῃ τῇ παρούσῃ καθ' ἕκαστον τῶν κριτηρίων
ἐναργείᾳ. ἂν γὰρ τούτοις προσέχωμεν, τὸ ὅθεν ὁ τάραχος καὶ
ὁ φόβος ἐγίνετο ἐξαιτιολογήσομεν ὀρθῶς καὶ ἀπολύσομεν,
ὑπέρ τε μετεώρων αἰτιολογοῦντες καὶ τῶν λοιπῶν τῶν ἀεὶ
παρεμπιπτόντων, ὅσα φοβεῖ τοὺς λοιποὺς ἐσχάτως.

Todas essas reflexões gerais devem levar alguém a compreender que a principal perturbação a afetar as almas humanas tem a ver com a opinião de que [os astros] são bem-aventurados e incorruptíveis (o que vale dizer imortais), *e têm ao mesmo tempo vontades, ações e motivos contrários*[118] a esses predicados; some-se a isso a espera ou suspeita em caráter contínuo de algum mal terrível e eterno por conta da crença nos mitos e ainda devido à própria insensibilidade constituída pela morte, como se esta nos dissesse respeito; que se inclua ainda o fato de que esses estados passivos não têm como uma base as opiniões, mas sim uma disposição irracional. O resultado é que, com a ausência de delimitação do *terrível*,[119] essa perturbação se torna igual, ou mesmo maior, que aquela que as pessoas experimentariam se, no que respeita a esses assuntos, tivessem uma opinião casual e destituída de reflexão. *Mas a tranquilidade da alma consiste em estar despojado de todas [essas perturbações] e em ter em mente de maneira ininterrupta a lembrança das [doutrinas] gerais e mais importantes.*[120]

Portanto, convém ater-se aos sentimentos e sensações presentes, aos comuns em favor do interesse comum, aos individuais em favor do interesse individual, bem como ater-se à evidência presente referente a cada um dos critérios. Com efeito, nos atendo a isso na investigação dos fenômenos celestes e dos demais que a nós se apresentam sempre, realizaremos a correta busca da causa da perturbação e do medo, e nos libertaremos deles, estes sentimentos que atemorizam extremamente os outros.

---

118. ...καὶ ὑπεναντίας ἔχειν τούτω βουλήσεις ἅμα καὶ πράξεις καὶ αἰτίας, ... (...*kaì hypenantías ékhein toýto boyléseis háma kaì práxeis kaì aitías*, ...).
119. ...δεινὸν... (...*deinòn*...).
120. ...ἡ δὲ ἀταραξία τῷ τούτων πάντων ἀπολελύσθαι καὶ συνεχῆ μνήμην ἔχειν τῶν ὅλων καὶ κυριωτάτων. ... (...*he dè ataraxía tôi toýton pánton apolelýsthai kaì synekhê mnémen ékhein tôn hólon kaì kyriotáton.* ...). Trecho marcante do qual oferecemos aqui uma tradução alternativa, mais vizinha da literalidade, a saber: ...Mas a tranquilidade da alma consiste em estar vazio de todas essas coisas e reter continuamente a memória do que é geral e o mais importante... .

Ταῦτά σοι, ὦ Ἡρόδοτε, ἔστι κεφαλαιωδέστατα ὑπὲρ τῆς τῶν ὅλων φύσεως ἐπιτετμημένα. ὥστ᾽ ἐὰν γένηται δυνατὸς ὁ λόγος οὗτος κατασχεθεὶς μετ᾽ ἀκριβείας, οἶμαι, ἐὰν μὴ καὶ πρὸς ἅπαντα βαδίσῃ τις τῶν κατὰ μέρος ἀκριβωμάτων, ἀσύμβλητον αὐτὸν πρὸς τοὺς λοιποὺς ἀνθρώπους ἁδρότητα λήψεσθαι. καὶ γὰρ καὶ καθαρὰ ἀφ᾽ ἑαυτοῦ ποιήσει πολλὰ τῶν κατὰ μέρος ἐξακριβουμένων κατὰ τὴν ὅλην πραγματείαν ἡμῖν, καὶ αὐτὰ ταῦτα ἐν μνήμῃ τιθέμενα συνεχῶς βοηθήσει. τοιαῦτα γάρ ἐστιν, ὥστε καὶ τοὺς <καὶ τὰ> κατὰ μέρος ἤδη ἐξακριβοῦντας ἱκανῶς ἢ καὶ | τελείως, εἰς τὰς τοιαύτας ἀναλύοντας ἐπιβολὰς τὰς πλείστας τῶν περιοδειῶν ὑπὲρ τῆς ὅλης φύσεως ποιεῖσθαι· ὅσοι δὲ μὴ παντελῶς αὐτῶν τῶν ἀποτελουμένων, ἐκ τούτων ἱκανὴν κατὰ τὸν ἄνευ φθόγγων τρόπον τὴν ἅμα νοήματι περίοδον τῶν κυριωτάτων πρὸς γαληνισμὸν ποιοῦνται. |

Aí tens para ti em um resumo, Heródoto, os princípios gerais da [doutrina da] natureza. Suponho que aquele que gravar meticulosamente o conteúdo desta exposição, mesmo dispensando um estudo minucioso, dela extrairá uma força que não será comparável a obtida com outras pessoas. Com efeito, se verá em condições de tornar claras, por si mesmo, muitas questões examinadas pormenorizadamente e com precisão no meu tratado completo; e este resumo, se retido em sua memória, lhe servirá de auxílio constante. De fato, o caráter deste resumo é tal que até aqueles que adquiriram com precisão suficiente conhecimento, ou mesmo completo conhecimento dos pormenores, podem examinar as principais questões que tratam *do todo da natureza*[121] fazendo convergir suas análises particulares para essas apreensões [gerais]; no que toca àqueles que não completaram seu estudo, com base nestes preceitos estão capacitados a *examinar racionalmente*[122] de uma maneira que exclui qualquer palavra os pontos mais importantes visando a alcançar a serenidade.

---

121. ...τῆς ὅλης φύσεως... (...*tês hóles phýseos*...).
122. ...νοήματι περίοδον... (...*noémati períodon*...), em uma tradução mais vizinha da literalidade: ...percorrer pelo pensamento... .

CARTA A PITÓCLES

SOBRE OS FENÔMENOS CELESTES

ΕΠΙΚΟΥΡΟΣ ΠΥΘΟΚΛΕΙ ΧΑΙΡΕΙΝ

84 Ἤνεγκέ μοι Κλέων ἐπιστολὴν παρὰ σοῦ, ἐν ᾗ φιλοφρονούμενός τε περὶ ἡμᾶς διετέλεις ἀξίως τῆς ἡμετέρας περὶ σεαυτὸν σπουδῆς καὶ οὐκ ἀπιθάνως ἐπειρῶ μνημονεύειν τῶν εἰς μακάριον βίον συντεινόντων διαλογισμῶν, ἐδέου τε σεαυτῷ περὶ τῶν μετεώρων σύντομον καὶ εὐπερίγραφον διαλογισμὸν ἀποστεῖλαι, ἵνα ῥᾳδίως μνημονεύῃς· τὰ γὰρ ἐν ἄλλοις ἡμῖν γεγραμμένα δυσμνημόνευτα εἶναι, καί τοι, ὡς ἔφης, συνεχῶς αὐτὰ βαστάζοντι. ἡμεῖς δὲ ἡδέως 85 τε σοῦ τὴν δέησιν ἀπεδεξάμεθα καὶ ἐλπίσιν ἡδείαις συνεσχέθημεν. γράψαντες οὖν τὰ λοιπὰ πάντα συντελοῦμεν ἅπερ ἠξίωσας πολλοῖς καὶ ἄλλοις ἐσόμενα χρήσιμα τὰ διαλογίσματα ταῦτα, καὶ μάλιστα τοῖς νεωστὶ φυσιολογίας γνησίου γευομένοις καὶ τοῖς εἰς ἀσχολίας βαθυτέρας τῶν ἐγκυκλίων τινὸς ἐμπεπλεγμένοις. καλῶς δὴ αὐτὰ διάλαβε, καὶ διὰ μνήμης ἔχων ὀξέως αὐτὰ περιόδευε μετὰ τῶν λοιπῶν ὧν ἐν τῇ μικρᾷ ἐπιτομῇ πρὸς Ἡρόδοτον ἀπεστείλαμεν. |

Epicuro a Pitócles: Salve!

Cleonte trouxe-me uma carta tua na qual prossegues manifestando para conosco uma amizade digna do zelo que temos para contigo e onde procuras, isso de modo persuasivo, recordar os raciocínios que conduzem incisivamente à *vida feliz*,[123] nela me pedindo para enviar-te um texto breve e conciso dos [meus] raciocínios acerca *dos fenômenos celestes*[124] *para facilmente os manteres na memória*;[125] com efeito, o que *escrevemos*[126] em outras [obras] é de difícil memorização, se bem que tu, como disseste, os tenhas continuamente nas mãos. É com prazer que acolhemos este teu pedido, embalados por doces esperanças. Assim, tendo terminado todos os escritos restantes, redigi o que pediste, considerando inclusive que esses raciocínios serão também úteis a muitas outras pessoas, e principalmente às que só recentemente provaram o genuíno estudo da natureza e àquelas que estão se devotando a ocupações mais profundas do que as do quotidiano. Assim, acolhe bem estes raciocínios e retendo-os em tua memória examina-os com perspicácia em conjunção com os demais tópicos indicados *no pequeno resumo*[127] remetido a Heródoto.

---

123. ...μακάριον βίον... (...*makárion bíon*...).
124. ...τῶν μετεώρων... (...*tôn meteóron*...).
125. ...ἵνα ῥᾳδίως μνημονεύῃς· ... (...*hína rhaidíos mnemoneýeis·* ...), literalmente: ...para te recordares facilmente... .
126. ...ἡμῖν γεγραμμένα... (...*hemîn gegramména*...), embora se entenda que foi ele, Epicuro, quem *escreveu*. Muitos tradutores, inclusive, preferem aqui a primeira pessoa do singular (no português: *escrevi*).
127. ...ἐν τῇ μικρᾷ ἐπιτομῇ... (...*en têi mikrâi epitomêi*...). Provável referência a *Carta a Heródoto* (presente nesta mesma edição), embora seja possível que Epicuro esteja aludindo a outro escrito.

Πρῶτον μὲν οὖν μὴ ἄλλο τι τέλος ἐκ τῆς περὶ μετεώρων γνώσεως εἴ τε κατὰ συναφὴν λεγομένων εἴ τε αὐτοτελῶς νομίζειν εἶναι ἤ περ ἀταραξίαν καὶ πίστιν βέβαιον, καθά περ καὶ ἐπὶ τῶν λοιπῶν. Μήτε τὸ ἀδύνατον καὶ παραβιάζεσθαι μήτε ὁμοίαν κατὰ πάντα τὴν θεωρίαν ἔχειν ἢ τοῖς περὶ βίων λόγοις ἢ τοῖς κατὰ τὴν τῶν ἄλλων φυσικῶν προβλημάτων κάθαρσιν, οἷον ὅτι τὸ πᾶν σώματα καὶ ἀναφὴς φύσις ἐστίν ἢ ὅτι ἄτομα <τὰ> στοιχεῖα, καὶ πάντα τὰ τοιαῦτα ὅσα μοναχὴν ἔχει τοῖς φαινομένοις συμφωνίαν· ὅ περ ἐπὶ τῶν μετεώρων οὐχ ὑπάρχει, ἀλλὰ ταῦτά γε πλεοναχὴν ἔχει καὶ τῆς γενέσεως αἰτίαν καὶ τῆς οὐσίας ταῖς αἰσθήσεσι σύμφωνον κατηγορίαν. οὐ γὰρ κατὰ ἀξιώματα κενὰ καὶ νομοθεσίας φυσιολογητέον, ἀλλ' ὡς τὰ φαινόμενα ἐκκαλεῖται· οὐ γὰρ ἤδη ἀλογίας καὶ κενῆς δόξης ὁ βίος ἡμῶν ἔχει χρείαν, ἀλλὰ τοῦ ἀθορύβως ἡμᾶς ζῆν.

Primeiramente, trata-se de compreender que o conhecimento dos fenômenos celestes, na associação ou dissociação destes com outras coisas, não tem outra finalidade senão a *tranquilidade da alma e uma confiança inabalável*,[128] como, ademais, é também o propósito de qualquer outra investigação. Não se trata nem de constranger o impossível, nem tampouco de adotar o método de investigação das *condições de vida*[129] ou do esclarecimento de outros *problemas físicos*,[130] *por exemplo que o universo é corpos e natureza intangível ou que os elementos são indivisíveis*[131] e todas as questões deste jaez que dispõem de um único modo de se harmonizarem com os fenômenos; não é o que se aplica aos fenômenos celestes, cujo *vir a ser*,[132] pelo contrário, apresenta múltiplas causas, ao passo que *o ser*,[133] se compatibilizando com as sensações, pode contar com múltiplas explicações. De fato, trata-se de realizar o estudo da natureza não segundo axiomas vazios e [à semelhança] da promulgação de leis, mas sim recorrendo aos *fenômenos*,[134] pois nossa vida a partir de agora dispensa irracionalidade e opiniões vazias, sendo, pelo contrário indispensável à nossa vida a ausência de perturbação.

---

128. ...ἀταραξίαν καὶ πίστιν βέβαιον, ... (...*ataraxían kaì pístin bébaion*, ...), ou seja, todos os estudos e aprendizados em busca do conhecimento (que constituem uma atividade especulativa, teórica), em uma palavra, a *filosofia*, têm um único objetivo de caráter ético que é a consecução da felicidade neste mundo, que se identifica para Epicuro precisamente com a tranquilidade da alma (ἀταραξία).
129. ...βίων λόγοις... (...*bíon lógois*...).
130. ...φυσικῶν προβλημάτων... (...*physikôn problemáton*...).
131. ...οἶον ὅτι τὸ πᾶν σώματα καὶ ἀναφὴς φύσις ἐστὶν ἢ ὅτι ἄτομα τὰ στοιχεῖα, ... (...*hoîon hóti tò pân sómata kaì anaphès phýsis estìn è hóti átoma tà stoikheîa*, ...).
132. ...γενέσεως... (...*genéseos*...), geração.
133. ...τῆς οὐσίας... (...*tês oysías*...), entendendo que Epicuro diz *ser* (e também *vir a ser*) enquanto realidade sensível (âmbito da filosofia da natureza) e não *ser* enquanto *ser* (âmbito da metafísica).
134. ...φαινόμενα... (...*phainómena*...), ou seja, aquilo que se mostra, que se revela, que *aparece* via percepção sensorial.

πάντα μὲν οὖν γίνεται ἀσείστως καὶ πάντων κατὰ πλεοναχὸν τρόπον ἐκκαθαιρομένων συμφώνως τοῖς φαινομένοις, ὅταν τις τὸ πιθανολογούμενον ὑπὲρ αὐτῶν δεόντως καταλίπῃ· ὅταν δέ τις τὸ μὲν ἀπολίπῃ, τὸ δὲ ἐκβάλῃ ὁμοίως σύμφωνον ὂν τῷ φαινομένῳ, δῆλον ὅτι καὶ ἐκ παντὸς ἐκπίπτει φυσιολογήματος, ἐπὶ δὲ τὸν μῦθον καταρρεῖ. σημεῖα δ᾽ ἐπὶ τῶν | ἐν τοῖς μετεώροις συντελουμένων φέρειν τῶν παρ᾽ ἡμῖν τινα φαινομένων, ἃ θεωρεῖται ᾗ ὑπάρχει, καὶ οὐ τὰ ἐν τοῖς μετεώροις φαινόμενα· ταῦτα γὰρ ἐνδέχεται πλεοναχῶς γενέσθαι. τὸ μέντοι φάντασμα ἑκάστου τηρητέον καὶ ἔτι τὰ συναπτόμενα τούτῳ διαιρετέον, ἃ οὐκ ἀντιμαρτυρεῖται τοῖς παρ᾽ ἡμῖν γινομένοις πλεοναχῶς συντελεῖσθαι.

Consequentemente, tudo se torna inabalável se descobrimos para todos [esses problemas] maneiras múltiplas de resolvê-los em harmonia com os fenômenos, preservando, como é preciso, *o que se diz de persuasivo*;[135] quando, porém, aceitamos qualquer explicação e repelimos igualmente a que se harmoniza com os fenômenos percebidos, fica claro que saímos totalmente da esfera da investigação da natureza e que nos precipitamos no mito. Ademais, na medida em que os contemplamos, certos fenômenos que se oferecem aos nossos olhos nos proporcionam sinais dos fenômenos celestes, embora não seja este o caso daqueles fenômenos celestes realmente passíveis de se produzirem de múltiplas maneiras. Convém, entretanto, conservar uma *imagem*[136] que se tem de cada um destes, e distingui-la daquela dos fenômenos que estão ligados aos primeiros, em relação aos quais os fatos que ocorrem junto a nós testemunham que podem se produzir de vários modos.

---

135. ...τὸ πιθανολογούμενον... (...*tò pithanologoýmenon*...) ou, mais exatamente: ...o que se diz de plausível e digno de crédito... .
136. ...φάντασμα... (...*phántasma*...).

Κόσμος ἐστὶ περιοχή τις οὐρανοῦ, ἄστρα τε καὶ γῆν καὶ πάντα τὰ φαινόμενα περιέχουσα, ἀποτομὴν ἔχουσα ἀπὸ τοῦ ἀπείρου καὶ λήγουσα ἢ ἐν περιαγομένῳ ἢ ἐν στάσιν ἔχοντι καὶ στρογγύλην ἢ τρίγωνον ἢ οἵαν δή ποτε περιγραφήν. πανταχῶς γὰρ ἐνδέχεται· τῶν γὰρ φαινομένων οὐδὲν ἀντιμαρτυρεῖ <ἐν> τῷδε τῷ κόσμῳ, ἐν ᾧ λῆγον οὐκ ἔστι καταλαβεῖν. Ὅτι δὲ καὶ τοιοῦτοι κόσμοι εἰσὶν ἄπειροι τὸ πλῆθος, ἔστι καταλαβεῖν, καὶ ὅτι καὶ ὁ τοιοῦτος δύναται κόσμος γίνεσθαι καὶ ἐν κόσμῳ καὶ μετακοσμίῳ, ὃ λέγομεν μεταξὺ κόσμων διάστημα, ἐν πολυκένῳ τόπῳ καὶ οὐκ ἐν μεγάλῳ εἰλικρινεῖ καὶ κενῷ, καθάπερ | τινὲς φασίν, ἐπιτηδείων τινῶν σπερμάτων ῥυέντων ἀφ' ἑνὸς κόσμου ἢ μετακοσμίου ἢ καὶ ἀπὸ πλειόνων κατὰ μικρὸν προσθέσεις τε καὶ διαρθρώσεις καὶ μεταστάσεις ποιούντων ἐπ' ἄλλον τόπον, ἐὰν οὕτω τύχῃ, καὶ ἐπαρδεύσεις ἐκ τῶν ἐχόντων ἐπιτηδείως ἕως τελειώσεως καὶ διαμονὴν ἐφ' ὅσον τὰ ὑποβληθέντα θεμέλια τὴν προσδοχὴν δύναται ποιεῖσθαι.

Um mundo é certa porção circundada do céu que envolve astros, Terra e todos os fenômenos,[137] envoltório seccionado do infinito {e terminado em um limite denso e compacto, e cuja dissolução arruinará tudo o que contém},[138] em movimento rotatório ou em estabilidade, sob forma redonda, triangular ou qualquer outra forma. Com efeito, é possível de todos os modos, pois nada do que se mostra neste mundo o contesta, mundo no qual não é possível atinar com um fim. Mas é possível compreender que o número desses mundos é infinito e que um mundo assim pode nascer *tanto em um mundo quanto em um intermundo, o que chamamos de intervalo entre mundos,*[139] isso ocorrendo em um espaço em que há muito vazio e não em um grande espaço absolutamente vazio, *como alguns dizem,*[140] a formação se realizando graças ao fluxo de *certas sementes*[141] provenientes ou de um só mundo, ou de um intermundo ou de vários mundos; elas gradativamente se somam, se articulam e acontece até de se deslocarem de um lugar para outro, produzindo na sequência uma irrigação de materiais até se atingir um estado de consumação e permanência que vigora enquanto as bases que dão sustentação puderem fazê-lo.

---

137. ...Κόσμος ἐστὶ περιοχή τις οὐρανοῦ, ἄστρα τε καὶ γῆν καὶ πάντα τὰ φαινόμενα περιέχουσα, ... (...*Kósmos estì periokhé tis oyranoý, ástra te kaì gên kaì pánta tà phainómena periékhoysa,* ...). O leitor deve lembrar sempre que τὰ φαινόμενα (*tà phainómena*) são as *aparências*, isto é, as coisas que se mostram captadas pela percepção sensorial.
138. { } ...καὶ καταλήγουσα ἐν πέρατι ἢ ἀραιῷ ἢ πυκνῷ καὶ 'οὗ λυομένου πάντα τὰ ἐν αὐτῷ σύγχυσιν λήψεται'... (...*kaì katalégoysa en pérati è araiôi è pyknôi kaì 'hoỹ lyoménoy pánta tà en aytôi sýgkhysin lépsetai'*...), acrescentado por Usener.
139. ...καὶ ἐν κόσμῳ καὶ μετακοσμίῳ, ὃ λέγομεν μεταξὺ κόσμων διάστημα, ... (...*kaì en kósmoi kaì metakosmíoi, hò légomen metaxỳ kósmon diástema,* ...).
140. ...καθάπερ τινὲς φασίν,... (...*katháper tinès phasín,* ...), alusão a Leucipo e presumivelmente também ao discípulo deste, Demócrito, ambos atomistas.
141. ...τινῶν σπερμάτων... (...*tinôn spermáton*...).

οὐ γὰρ ἀθροισμὸν δεῖ μόνον γενέσθαι οὐδὲ δῖνον ἐν ᾧ ἐνδέχεται κόσμον γίνεσθαι κενῷ κατὰ τὸ δοξαζόμενον ἐξ
10 ἀνάγκης αὔξεσθαί τε, ἕως ἂν ἑτέρῳ προσκρούσῃ, καθά περ τῶν φυσικῶν καλουμένων φησί τις. τοῦτο γὰρ μαχόμενόν ἐστι τοῖς φαινομένοις.

Ἥλιος τε καὶ σελήνη καὶ τὰ λοιπὰ ἄστρα <οὐ> καθ' ἑαυτὰ γενόμενα ὕστερον ἐμπεριελαμβάνετο ὑπὸ τοῦ κόσμου, ἀλλ' εὐθὺς διεπλάττετο καὶ αὔξησιν ἐλάμβανεν κατὰ προσκρίσεις
15 καὶ δινήσεις λεπτομερῶν τινων φύσεων, ἤτοι | πνευματικῶν ἢ
91 πυροειδῶν ἢ τὸ συναμφότερον· καὶ γὰρ ταῦτα οὕτως ἡ αἴσθησις ὑποβάλλει. Τὸ δὲ μέγεθος ἡλίου τε <καὶ σελήνης> καὶ τῶν λοιπῶν ἄστρων κατὰ μὲν τὸ πρὸς ἡμᾶς τηλικοῦτόν ἐστιν ἡλίκον
5 φαίνεται· κατὰ δὲ τὸ καθ' αὑτὸ ἤτοι μεῖζον τοῦ ὁρωμένου ἢ μικρῷ ἔλαττον ἢ τηλικοῦτον τυγχάνει· οὕτω γὰρ καὶ τὰ παρ' ἡμῖν πυρὰ ἐξ ἀποστήματος θεωρούμενα κατὰ τὴν αἴσθησιν θεωρεῖται.

Realmente não basta que um agregado ou um *turbilhão*[142] deva se formar naquele vazio em que é possível originar-se um mundo (conforme se crê) *a partir da necessidade*[143] e que ele se desenvolva até colidir com outro, como diz um daqueles[144] que são chamados de *filósofos da natureza*,[145] pois isso contraria os fenômenos.

Sol, lua e os demais astros[146] {não}[147] geram a si próprios para serem posteriormente envolvidos pelo mundo {e tudo que ele preserva},[148] mas são imediatamente *formados*[149] e desenvolvidos por amálgamas e turbilhões de *finas partículas*[150] de certas naturezas, ou aéreas, ou ígneas, ou de ambas essas naturezas; e, com efeito, isso também é sugerido pela sensação. A grandeza do sol {e da lua}[151] e dos astros restantes, do nosso prisma, é a grandeza que se revela; contudo, considerada em si é ou maior, ou pouco menor, ou igual ao que observamos. É, com efeito, como *os fogos próximos de nós*[152] são contemplados pelos nossos sentidos quando os contemplamos de certa distância.

---

142. ...δῖνον... (...*dînon*...).
143. ...ἐξ ἀνάγκης... (...*ex anágkes*...).
144. Demócrito.
145. ...φυσικῶν... (...*physikôn*...).
146. ...Ἥλιος τε καὶ σελήνη καὶ τὰ λοιπὰ ἄστρα... (...*Hélios te kaì seléne kaì tà loipà ástra*...).
147. { } ...οὐ... (*oy*): Usener o acrescenta, o mesmo o fazendo outros helenistas, já que o contexto simplesmente o exige.
148. { } ...καὶ ὅσα γε δὴ σώζει... (...*kaì hósa ge dè sózei*...) não é registrado por Usener no texto, mas registrado abaixo.
149. ...διεπλάττετο... (...*diepládtteto*...), literalmente fabricados, moldados.
150. ...λεπτομερῶν... (...*leptomerôn*...).
151. { } ...καὶ σελήνης... (...*kaì selénes*...): acrescentado por Usener.
152. ...τὰ παρ' ἡμῖν πυρὰ... (...*tà par' hemîn pyrà*...).

καὶ πᾶν δὲ τὸ εἰς τοῦτο τὸ μέρος ἔνστημα ῥᾳδίως διαλυθήσεται, ἐάν τις τοῖς ἐναργήμασι προσέχῃ, ὅ περ ἐν τοῖς περὶ φύσεως βυβλίοις δείκνυμεν. Ἀνατολὰς καὶ δύσεις ἡλίου καὶ σελήνης καὶ τῶν λοιπῶν ἄστρων καὶ κατὰ ἄναψίν <τε> γενέσθαι δυνατὸν καὶ σβέσιν, τοιαύτης οὔσης περιστάσεως ὥστε τὰ προειρημένα ἀποτελεῖσθαι· οὐδὲν γὰρ τῶν φαινομένων ἀντιμαρτυρεῖ. <καὶ> κατ' | ἐκφάνειάν τε ὑπὲρ γῆς καὶ πάλιν ἐπιπροσθέτησιν τὸ προειρημένον δύναιτ' ἂν συντελεῖσθαι· οὐδὲ γάρ τι τῶν φαινομένων ἀντιμαρτυρεῖ. Τάς τε κινήσεις αὐτῶν οὐκ ἀδύνατον μὲν γίνεσθαι κατὰ τὴν τοῦ ὅλου οὐρανοῦ δίνην, ἢ τούτου μὲν στάσιν, αὐτῶν δὲ δίνην κατὰ τὴν ἐξ ἀρχῆς ἐν τῇ γενέσει τοῦ κόσμου ἀνάγκην ἀπογεννηθεῖσαν ἐπ' ἀνατολῇ· *** <σφοδρο>τάτῃ θερμασίᾳ κατά τινα ἐπινέμησιν τοῦ πυρὸς ἀεὶ ἐπὶ τοὺς ἑξῆς τόπους ἰόντος.

Toda oposição a isso será facilmente resolvida se atentarmos para as evidências, como mostramos nos *Livros*[153] [da obra] *sobre a natureza*.[154] *Levante e poente*[155] do sol, da lua e dos demais astros podem ocorrer mediante acendimento e apagamento, posto que as circunstâncias {*inclusive em cada uma das duas maneiras*}[156] admitem que se produzam esses fenômenos; com efeito, não há da parte dos fenômenos nenhuma oposição. Esses fenômenos podem igualmente ocorrer por seu *aparecimento*[157] acima da Terra, seguido de *ocultação*;[158] tampouco nesse caso há qualquer oposição por parte dos fenômenos. No tocante aos seus movimentos, não é impossível que sejam gerados *pelo turbilhão do céu inteiro*,[159] ou, estando o céu estacionário, são gerados por um turbilhão que lhes é próprio, que principia no levante e resulta da necessidade geradora na formação do mundo { }[160] por um calor da maior intensidade por conta de um propagar do fogo que vai sempre de um lugar para outro.

---

153. ...βυβλίοις... (...*byblíois*...), divisões de uma obra ou tratado.
154. ...περὶ φύσεως... (...*perì phýseos*...), da qual dispomos apenas de fragmentos.
155. ...Ἀνατολὰς καὶ δύσεις... (...*Anatolàs kaì dýseis*...).
156. { } ...καὶ καθ'ἑκατέρους τοὺς τρόπους... (...*kaì kath'hekatéroys toỳs trópoys*...), que Usener não faz constar em seu texto, mas anota, inclusive acolhendo a substituição de τόπους (*tópoys*), lugares, por τρόπους (*trópoys*), maneiras, modos. Preferimos integrar no próprio texto.
157. ...ἐκφάνειάν... (...*ekpháneián*...), ou ...ἐμφάνειαν... (...*empháneian*...).
158. ...ἐπιπροσθέτησιν... (...*epiprosthétesin*...), a interposição de um segundo astro que torna o primeiro invisível.
159. ...τὴν τοῦ ὅλου οὐρανοῦ δίνην, ... (...*tèn toỹ hóloy oyranoỹ dínen*, ...).
160. Usener aponta um hiato aqui.

Τροπὰς ἡλίου καὶ σελήνης ἐνδέχεται μὲν γίνεσθαι κατὰ λόξωσιν
οὐρανοῦ οὕτω τοῖς χρόνοις κατηναγκασμένου· ὁμοίως δὲ καὶ
κατὰ ἀέρος ἀντέξωσιν ἢ καὶ ὕλης ἀεὶ ἐπιτηδείας ἐχομένως
ἐμπιπραμένης, τῆς δ' ἐκλειπούσης· ἢ καὶ ἐξ ἀρχῆς τοιαύτην
δίνην κατειληθῆναι τοῖς ἄστροις τούτοις, ὥσθ' οἷόν τιν' ἕλικα
κινεῖσθαι. πάντα γὰρ τὰ τοιαῦτα καὶ τὰ τούτοις συγγενῆ οὐθενὶ
τῶν ἐναργημάτων διαφωνεῖ, ἐάν τις ἀεὶ ἐπὶ τῶν τοιούτων μερῶν
ἐχόμενος τοῦ δυνατοῦ εἰς τὸ σύμφωνον τοῖς φαινομένοις ἕκαστον
τούτων δύνηται ἐπάγειν, μὴ φοβούμενος τὰς ἀνδραποδώδεις
ἀστρολόγων τεχνιτείας.

Κένωσίς τε σελήνης καὶ πάλιν πλήρωσις καὶ κατὰ | στροφὴν
τοῦ σώματος τούτου δύναιτ' ἂν γίνεσθαι καὶ κατὰ σχηματισμοὺς
ἀέρος ὁμοίως, ἔτι τε καὶ κατ' ἐπιπροσθετήσεις καὶ κατὰ πάντας
τρόπους, καθ' οὓς καὶ τὰ παρ' ἡμῖν φαινόμενα ἐκκαλεῖται εἰς
τὰς τούτου τοῦ εἴδους ἀποδόσεις, ἐὰν μή τις τὸν μοναχῇ τρόπον
κατηγαπηκὼς τοὺς ἄλλους κενῶς ἀποδοκιμάζῃ, οὐ τεθεωρηκὼς
τί δυνατὸν ἀνθρώπῳ θεωρῆσαι καὶ τί ἀδύνατον, καὶ διὰ τοῦτο
ἀδύνατα θεωρεῖν ἐπιθυμῶν. Ἔτι τε ἐνδέχεται τὴν σελήνην ἐξ
ἑαυτῆς ἔχειν τὸ φῶς, ἐνδέχεται δὲ ἀπὸ τοῦ ἡλίου.

É possível que as *revoluções*[161] do sol e da lua aconteçam devido ao *direcionamento oblíquo*[162] do céu, que a isso é forçado de tempos em tempos; igualmente em função da resistência do ar ou por faltar repentinamente matéria ígnea que sempre constituiu uma necessidade para [os astros]; ou ainda porque desde o princípio eles têm sido arrastados em um turbilhão que impulsiona os astros a *se moverem em espiral*.[163] Na verdade, todas essas considerações e aquelas que estão a elas aparentadas em nada divergem das evidências, desde que as vinculemos sempre ao possível e possamos fazer convergir cada uma dessas considerações a um acordo com os fenômenos, *sem nos amedrontarmos com as engenhosidades servis dos astrônomos*.[164]

Lua nova e, em contrapartida, lua cheia[165] são fenômenos que poderiam ocorrer devido à revolução desse corpo, também devido às configurações do ar, devido à ocultação ou por todas as outras maneiras pelas quais as coisas que se oferecem aos nossos olhos convidam-nos a explicar esse *aspecto*,[166] não sendo recomendável favorecer uma única maneira de explicá-lo, repudiando as demais como vãs sem atentar para o que é possível que alguém observe ou é impossível, no desejo de observar o que é impossível. Também é possível que a lua tenha luz própria, bem como é possível que a receba do sol.

---

161. ...Τροπὰς... (...*Tropàs*...).
162. ...λόξωσιν... (...*lóxosin*...).
163. ...ἕλικα κινεῖσθαι. ... (...*hélika kineîsthai*. ...).
164. ...μὴ φοβούμενος τὰς ἀνδραποδώδεις ἀστρολόγων τεχνιτείας. ... (...*mè phoboýmenos tàs andrapodódeis astrológon tekhniteías*. ...). Além de afastar a mitologia de sua filosofia da natureza, Epicuro critica duramente os astrônomos não só por suas τεχνιτείας (a palavra é empregada com viés pejorativo) como também, é de se presumir, por sua postura subalterna frente aos poderosos.
165. ...Κένωσίς τε σελήνης καὶ πάλιν πλήρωσις... (...*Kénosís te selénes kaì pálin plérosis*...).
166. ...εἴδους... (...*eídoys*...).

καὶ γὰρ παρ' ἡμῖν θεωρεῖται πολλὰ μὲν ἐξ ἑαυτῶν ἔχοντα, πολλὰ δὲ ἀφ' ἑτέρων. καὶ οὐθὲν ἐμποδοστατεῖ τῶν ἐν τοῖς μετεώροις φαινομένων, ἐάν τις τοῦ πλεοναχοῦ τρόπου ἀεὶ μνήμην ἔχῃ καὶ τὰς ἀκολούθους αὐτοῖς ὑποθέσεις ἅμα καὶ αἰτίας συνθεωρῇ καὶ μὴ ἀναβλέπων εἰς τὰ ἀνακόλουθα ταῦτ' ὀγκοῖ ματαίως καὶ καταρρέπῃ ἄλλοτε ἄλλως ἐπὶ τὸν μοναχὸν τρόπον. Ἡ δὲ ἔμφασις τοῦ προσώπου ἐν αὐτῇ δύναται μὲν γίνεσθαι καὶ κατὰ παραλλαγὴν μερῶν καὶ κατ' ἐπιπροσθέτησιν, καὶ ὅσοι ποτ' ἂν τρόποι θεωροῖντο τὸ σύμφωνον τοῖς φαινομένοις κεκτημένοι. ἐπὶ πάντων γὰρ τῶν μετεώρων τὴν τοιαύτην ἴχνευσιν οὐ προετέον. ἢν γάρ τις ᾖ μαχόμενος τοῖς ἐναργήμασιν, οὐδέποτε μὴ δυνήσεται ἀταραξίας γνησίου μεταλαβεῖν.

Observamos, com efeito, muitas coisas que possuem luz própria, enquanto muitas outras a recebem de outros [corpos]. E nada há nos fenômenos celestes que se oponha a isso, desde que lembremos sempre as múltiplas maneiras de explicar e que examinemos ao mesmo tempo as hipóteses e as causas em conformidade com o que contemplamos e não lancemos o olhar *àquilo que não está em conformidade*,[167] atribuindo inutilmente a isso um peso excessivo, incorrendo de um modo ou outro em uma maneira única de explicar. A imagem de um *rosto*[168] na lua pode se produzir por conta da variedade de suas partes, ou a ocultação, ou com base em qualquer outro modo que se harmonize com os fenômenos. Com efeito, a aplicação desse método investigativo no estudo de todos os fenômenos celestes é indispensável, pois a autêntica tranquilidade da alma será inalcançável se for adotada uma atitude que antagonize as evidências [dos sentidos].

---

167. ...τὰ ἀνακόλουθα... (*...tà anakóloytha...*): a tradução analítica nos pareceu melhor do que a sintética *as discordâncias*.
168. ...προσώπου... (*...prosópoy...*).

Ἔκλειψις ἡλίου καὶ σελήνης δύναται μὲν γίνεσθαι καὶ κατὰ σβέσιν, καθά περ καὶ παρ' ἡμῖν τοῦτο θεωρεῖται γινόμενον· καὶ ἤδη κατ' ἐπιπροσθέτησιν ἄλλων τινῶν, ἢ γῆς ἢ οὐρανοῦ ἤ τινος ἑτέρου τοιούτου. καὶ ὧδε τοὺς οἰκείους ἀλλήλοις τρόπους συνθεωρητέον, καὶ τὰς ἅμα συγκυρήσεις τινῶν ὅτι οὐκ ἀδύνατον γίνεσθαι. Ἔτι τε τάξις περιόδου, καθά περ ἔνια καὶ παρ' ἡμῖν τῶν τυχόντων γίνεται, λαμβανέσθω· καὶ ἡ θεία φύσις πρὸς ταῦτα μηδαμῇ προσαγέσθω, ἀλλ' ἀλειτούργητος διατηρείσθω καὶ ἐν τῇ πάσῃ μακαριότητι. ὡς εἰ τοῦτο μὴ πραχθήσεται, ἅπασα ἡ τῶν μετεώρων αἰτιολογία ματαία ἔσται, καθά περ τισὶν ἤδη ἐγένετο οὐ δυνατοῦ τρόπου ἐφαψαμένοις, εἰς | δὲ τὸ μάταιον ἐκπεσοῦσι τῷ καθ' ἕνα τρόπον μόνον οἴεσθαι γίνεσθαι, τοὺς δ' ἄλλους πάντας τοὺς κατὰ τὸ ἐνδεχόμενον ἐκβάλλειν εἴς τε τὸ ἀδιανόητον φερομένους καὶ τὰ φαινόμενα, ἃ δεῖ σημεῖα ἀποδέχεσθαι, μὴ δυναμένους συνθεωρεῖν.

Eclipses do sol e da lua podem acontecer devido à extinção [de sua luz], algo que vemos ocorrer em nosso meio, ou devido à ocultação produzida por outro astro, ou a Terra ou algum outro *do céu*.[169] É o caso, portanto, de considerar as formas de explicação que têm parentesco entre si e compreender que não é impossível que algumas delas sejam aplicáveis ao mesmo tempo a um determinado fato. Ademais, a compreensão de certos fatos que ocorrem eventualmente em nosso meio nos traz a possibilidade de compreender a ordem regular [dos fenômenos celestes]; *e não é, de modo algum, a natureza divina a causa disso, [devendo nós], ao contrário, mantê-la cuidadosamente isenta desses encargos, na plenitude de sua bem-aventurança.*[170] Se procedermos diferentemente em relação a isso, toda nossa investigação em busca das causas dos fenômenos celestes será inútil, o que já sucedeu a alguns que *se agarraram*[171] a um método do não possível, e que ao rejeitarem todos os demais métodos possíveis na crença de que os fenômenos eram explicáveis de uma única maneira, incorreram em teorias inúteis; por não saberem ter uma visão de conjunto abrangente dos fatos que se mostram via percepção sensorial, que precisam ser admitidos como sinais, acabaram se precipitando no *ininteligível*.[172]

---

169. ...οὐρανοῦ... (...*oyranoŷ*...), mas posteriormente alterado pelo próprio Usener para ...ἀοράτου... (*aorátoy*), invisível.
170. ...καὶ ἡ θεία φύσις πρὸς ταῦτα μηδαμῇ προσαγέσθω, ἀλλ' ἀλειτούργητος διατηρείσθω καὶ ἐν τῇ πάσῃ μακαριότητι. ... (...*kaì he theía phýsis pròs taŷta medamêi prosagéstho, all' aleitoýrgetos diatereístho kaì en têi pásei makarióteti.* ...). Ou seja, essas questões não são da alçada da religião, da mitologia ou da metafísica: suas possíveis respostas estão na esfera da filosofia da natureza. Ver ou rever *Carta a Heródoto*.
171. ...ἐφαψαμένοις, ... (...*ephapsaménois*, ...), ou ...que se aplicaram... .
172. ...ἀδιανόητον... (...*adianóeton*...).

98   Μήκη νυκτῶν καὶ ἡμερῶν παραλλάττοντα καὶ παρὰ τὸ ταχείας ἡλίου κινήσεις γίνεσθαι καὶ πάλιν βραδείας ὑπὲρ γῆς *** ὡς καὶ παρ' ἡμῖν τινα θεωρεῖται, οἷς συμφώνως δεῖ λέγειν
10 ἐπὶ τῶν μετεώρων. οἱ δὲ τὸ ἓν λαμβάνοντες τοῖς τε φαινομένοις μάχονται καὶ τοῦ ᾗ δυνατὸν ἀνθρώπῳ θεωρῆσαι διαπεπτώκασιν.

Ἐπισημασίαι δύνανται γίνεσθαι καὶ κατὰ συγκυρήσεις καιρῶν, καθά περ ἐν τοῖς ἐμφανέσι παρ' ἡμῖν ζῴοις, καὶ παρ' ἑτεροιώσεις ἀέρος καὶ μεταβολάς. ἀμφότερα γὰρ ταῦτα | οὐ
99 μάχεται τοῖς φαινομένοις· ἐπὶ δὲ ποίοις παρὰ τοῦτο ἢ τοῦτο τὸ αἴτιον γίνεται, οὐκ ἔστι συνιδεῖν.

A *extensão das noites e dos dias*[173] em variação resulta da rapidez ou lentidão dos movimentos do sol em relação a Terra, { }[174] *[bem como] da extensão variável dos espaços [que percorre] e por transpor certos espaços mais rápida ou mais lentamente*,[175] como podemos observar [nos fenômenos terrestres], com os quais devem se harmonizar as explicações que indicamos dos fenômenos celestes. Entretanto, aqueles que admitem [um único modo de explicar] entram em conflito com os fenômenos e se enganam com as possibilidades do conhecimento humano.

Os *sinais do tempo*[176] podem ser o produto de uma combinação eventual de circunstâncias, como vemos que é o que se revela da parte dos seres vivos que nos cercam, ou o resultado das alterações e transformações do ar. Ambas essas causas, com efeito, não entram em conflito com os fenômenos; impossível, porém, dependendo do caso definir se é esta ou aquela a causa.

---

173. ...Μήκη νυκτῶν καὶ ἡμερῶν... (...*Méke nyktôn kaì hemerôn*...).
174. { } Usener indica um longo hiato no texto aqui, mas não deixa de anotá-lo. Para facilitação da leitura, preferimos incorporá-lo ao texto normal, a saber: ...παρὰ τὸ μήκη τόπων παραλλάττειν, καὶ τόπους τινὰς περαιοῦν τάχιον ἢ βραδύτερον... (...*parà tò méke tópon palláttein, kaì tópoys tinàs peraioŷn tákhion è bradýteron*...).
175. Texto incorporado (grego reproduzido na nota anterior).
176. ...Ἐπισημασίαι... (...*Episemasíai*...).

Νέφη δύναται γίνεσθαι καὶ συνίστασθαι καὶ παρὰ πιλήσεις ἀέρος καὶ παρὰ περιπλοκὰς ἀλληλούχων ἀτόμων καὶ ἐπιτηδείων εἰς τὸ τοῦτο τελέσαι καὶ κατὰ ῥευμάτων συλλογὴν ἀπό τε γῆς καὶ ὑδάτων· καὶ κατ' ἄλλους δὲ τρόπους πλείους αἱ τῶν τοιούτων συστάσεις οὐκ ἀδυνατοῦσι συντελεῖσθαι. Ἤδη δ' ἀπ' αὐτῶν ᾗ μὲν θλιβομένων, ᾗ δὲ μεταβαλλόντων ὕδατα δύναται συντελεῖσθαι, ἔτι τε πνευμάτων καταφορᾷ ἀπὸ ἐπιτηδείων τόπων δι' ἀέρος κινουμένων, βιαιοτέρας ἐπαρδεύσεως γινομένης ἀπό τινων ἀθροισμάτων ἐπιτηδείων εἰς τὰς τοιαύτας ἐπιπέμψεις.

βροντὰς ἐνδέχεται γίνεσθαι καὶ κατὰ πνεύματος ἐν τοῖς κοιλώμασι τῶν νεφῶν ἀνείλησιν, καθά περ ἐν τοῖς ἡμετέροις ἀγγείοις, καὶ παρὰ πυρὸς πεπνευματωμένου βόμβον ἐν αὐτοῖς, καὶ κατὰ ῥήξεις δὲ νεφῶν καὶ διασπάσεις, | καὶ κατὰ παρατρίψεις νεφῶν καὶ τάσεις πῆξιν εἰληφότων κρυσταλλοειδῆ· καὶ τὸ ὅλον καὶ τοῦτο τὸ μέρος πλεοναχῶς γίνεσθαι λέγειν ἐκκαλεῖται τὰ φαινόμενα.

As *nuvens*¹⁷⁷ podem se produzir e se agrupar devido à condensação do ar {causada pela pressão dos ventos},¹⁷⁸ ou devido ao enlaçamento entre si dos átomos adequados à consecução desse resultado, ou devido à reunião de correntes oriundas *da terra e das águas*;¹⁷⁹ não é impossível, todavia, que esse tipo de formação e agrupamento se realize de muitas outras maneiras. Desde já se pode explicar que a formação das *chuvas*¹⁸⁰ se deve à compressão ou à transformação das nuvens, ou às emanações úmidas provenientes de regiões apropriadas e movidas pelos ventos através do ar, ao passo que um *aguaceiro*¹⁸¹ mais violento se produz sempre que a água origina-se de certos agregados cuja função própria é gerar esse tipo de precipitação pluvial torrencial.

É possível que os *trovões*¹⁸² resultem do remoinho de vento que rodopia através das cavidades das nuvens, semelhante ao que acontece com *nossos vasos*,¹⁸³ ou que sejam produto do *estrondo*¹⁸⁴ produzido pelo fogo que o vento agita nas nuvens, ou da *ruptura*¹⁸⁵ somada à *separação violenta*¹⁸⁶ das nuvens, ou ainda das fricções e tensão das nuvens compactadas como cristais; ademais, aquilo que se mostra aos nossos sentidos nos convida a dizer que tal fenômeno, como todos os demais, pode ser explicado de muitos modos.

---

177. ...Νέφη... (...*Néphe*...).
178. { } [διὰ] πνευμάτων συνώσεις... ([*dià*] *pneymáton synóseis*...), ausente no texto de Usener, mas anotado por ele.
179. ...ἀπό τε γῆς καὶ ὑδάτων· ... (...*apó te gês kaì hydáton·* ...).
180. ...ὕδατα... (...*hýdata*...).
181. ...ἐπαρδεύσεως... (...*epardeýseos*...), chuva torrencial de curta duração.
182. ...Βροντὰς... (...*Brontàs*...).
183. ...ἡμετέροις ἀγγείοις,... (...*hemetérois aggeíois,* ...), quer dizer, os vasos ordinários de argila.
184. ...βόμβον... (...*bómbon*...).
185. ...ῥήξεις... (...*rhéxeis*...), dilaceramento.
186. ...διασπάσεις... (...*diaspáseis*...).

Καὶ ἀστραπαὶ δ' ὡσαύτως γίνονται κατὰ πλείους τρόπους· καὶ γὰρ κατὰ παράτριψιν καὶ σύγκρουσιν νεφῶν ὁ πυρὸς ἀποτελεστικὸς σχηματισμὸς ἐξολισθαίνων ἀστραπὴν γεννᾷ· καὶ κατ' ἐκριπισμὸν ἐκ τῶν νεφῶν ὑπὸ πνευμάτων τῶν τοιούτων σωμάτων ἃ τὴν λαμπηδόνα ταύτην παρασκευάζει, καὶ κατ' ἐκπιασμόν, θλίψεως τῶν νεφῶν γινομένης εἴ θ' ὑπ' ἀλλήλων εἴ θ' ὑπὸ πνευμάτων· καὶ κατ' ἐμπερίληψιν δὲ τοῦ ἀπὸ τῶν ἄστρων κατεσπειραμένου φωτός, εἶτα συνελαυνομένου ὑπὸ τῆς κινήσεως νεφῶν τε καὶ πνευμάτων καὶ διεκπίπτοντος διὰ τῶν νεφῶν· ἢ κατὰ διήθησιν <διὰ> τῶν νεφῶν τοῦ λεπτομερεστάτου φωτὸς καὶ τὴν τούτου κίνησιν· καὶ κατὰ τὴν τοῦ πνεύματος ἐκπύρωσιν τὴν γινομένην διά τε συντονίαν φορᾶς καὶ διὰ | σφοδρὰν κατείλησιν· καὶ κατὰ ῥήξεις δὲ νεφῶν ὑπὸ πνευμάτων ἔκπτωσίν τε πυρὸς ἀποτελεστικῶν ἀτόμων καὶ τὸ τῆς ἀστραπῆς φάντασμα ἀποτελουσῶν· καὶ κατ' ἄλλους δὲ πλείους τρόπους ῥᾳδίως ἔσται καθορᾶν ἐχόμενον ἀεὶ τῶν φαινομένων καὶ τὸ τούτοις ὅμοιον δυνάμενον συνθεωρεῖν.

Igualmente os *relâmpagos*[187] são gerados de múltiplas maneiras: com efeito, pela fricção ou choque das nuvens, que escapam da combinação de átomos responsáveis pela formação do fogo e assim geram o relâmpago; ou pela ação dos ventos que expulsam mediante incitação os corpos que produzem esse *clarão brilhante*,[188] ou ainda pela pressão eólica exercida de encontro às nuvens ou a própria pressão que ocorre entre as nuvens; ocorrem inclusive quando estas interceptam a luz dos astros, contraem-na por ação do movimento das nuvens e daquele do vento, permitindo em seguida que ela escape; que se inclua também que ocorrem quando se processa, por ação das nuvens, a *filtragem*[189] maximamente tênue da luz, {o que pode nas nuvens instalar o fogo e produzir os trovões}[190] por seu movimento; também quando o vento inflama-se por causa da forte tensão de seu deslocamento e por causa da intensidade de seu envolvimento; ou quando, submetidas ao efeito do vento, as nuvens sofrem uma ruptura, levando à expulsão dos átomos ígneos que produzem *a imagem do relâmpago*;[191] haveria ainda outros modos de explicar facilmente como se produz o relâmpago tendo, como condição para isso, a observância dos fenômenos e desde que se possa ter uma visão de conjunto do que lhe é semelhante.

---

187. ...ἀστραπαὶ... (...*astrapaì*...).
188. ...λαμπηδόνα... (...*lampedóna*...).
189. ...διήθησιν... (...*diéthesin*...).
190. ...ἢ ἀπὸ τοῦ πυρὸς νέφη συνεφλέχθαι καὶ τὰς βροντὰς ἀποτελεῖσθαι... (...*è apò toŷ pyròs néphe synephlékhthai kaì tàs brontàs apoteleîsthai*...), ausente no texto de Usener, mas anotado em glosa por ele. Preferimos incorporar ao texto.
191. ...τῆς ἀστραπῆς φάντασμα... (...*tês astrapês phántasma*...).

Προτερεῖ δὲ ἀστραπὴ βροντῆς ἐν τοιᾷδέ τινι περιστάσει νεφῶν καὶ διὰ τὸ ἅμα τῷ τὸ πνεῦμα ἐμπίπτειν ἐξωθεῖσθαι τὸν ἀστραπῆς ἀποτελεστικὸν σχηματισμόν, ὕστερον δὲ τὸ πνεῦμα ἀνειλούμενον τὸν βόμβον ἀποτελεῖν τοῦτον· καὶ κατ' ἔμπτωσιν δὲ ἀμφοτέρων ἅμα, τῷ τάχει συντονωτέρῳ κεχρῆσθαι πρὸς ἡμᾶς τὴν ἀστραπήν, ὑστερεῖν δὲ τὴν βροντήν, καθά περ ἐπ' ἐνίων ἐξ ἀποστήματος θεωρουμένων καὶ πληγάς τινας ποιουμένων. Κεραυνοὺς ἐνδέχεται γίνεσθαι καὶ κατὰ πλείονας πνευμάτων συλλογὰς καὶ κατείλησιν ἰσχυράν τε ἐκπύρωσιν· καὶ κατὰ ῥῆξιν μέρους καὶ ἔκπτωσιν ἰσχυροτέραν αὐτοῦ ἐπὶ τοὺς κάτω τόπους, τῆς ῥήξεως γινομένης διὰ τὸ τοὺς ἑξῆς τόπους πυκνοτέρους εἶναι διὰ πίλησιν νεφῶν· καὶ κατ' αὐτὴν δὲ τὴν τοῦ πυρὸς ἔκπτωσιν ἀνειλουμένου, καθὰ καὶ βροντὴν ἐνδέχεται γίνεσθαι, πλείονος γενομένου καὶ | πνευματωθέντος ἰσχυρότερον καὶ ῥήξαντος τὸ νέφος διὰ τὸ μὴ δύνασθαι ὑποχωρεῖν εἰς τὰ ἑξῆς, τῷ πίλησιν γίνεσθαι ἀεὶ πρὸς ἄλληλα.

Nessa reunião de fenômenos ocorridos nas nuvens, o relâmpago é anterior ao trovão porque a associação de átomos responsável pela geração do primeiro é expelida em simultaneidade ao choque produzido pelo vento contra as nuvens; o vento que rodopia entre as nuvens, por sua vez, só é gerado posteriormente ao estrondo do trovão; a anterioridade do relâmpago também se deve ao fato de no caso da ocorrência simultânea de ambos (o relâmpago e o trovão), o relâmpago *chegar a nós*[192] mais rápido e o estrondo do trovão o suceder, tal como quando observamos à distância as pessoas aplicarem golpes. É possível que os *raios*[193] nasçam da conjunção de uma grande quantidade de ventos, incluindo a força de seu movimento rotatório e sua inflamação; podem nascer também da cisão de uma parte que é destacada e sofre uma queda mais vigorosa para uma região baixa, ocorrendo essa ruptura em consequência da maior densidade das regiões próximas devido à condensação das nuvens; é possível também que, do mesmo modo que o trovão, originem-se da precipitação do fogo que, em profusão e com maior força avivado pelo vento rompe a nuvem por não conseguir afastar-se, cedendo seu lugar e assumindo o sucessivo, isso por causa da contração recíproca que ocorre sempre entre as nuvens {no mais das vezes contra alguma montanha elevada, que é principalmente onde caem os raios}.[194]

---

192. ...κεχρῆσθαι πρὸς ἡμᾶς... (...*kekhrêsthai pròs hemâs*...), ou seja, supondo que estamos contemplando o céu no prenúncio de uma tempestade, nossa percepção visual do relâmpago ocorrerá com maior rapidez do que nossa percepção auditiva do estrondo do trovão.
193. ...Κεραυνοὺς... (...*Keraynoỳs*...).
194. ...τὸ μὲν πολὺ πρὸς ὄρος τι ὑψηλόν, ἐν ᾧ μάλιστα κεραυνοὶ πίπτουσιν. ... (...*tò mèn polỳ pròs óros ti hypselón, en hôi málista keraynoì píptoysin*. ...). Usener não faz constar no seu texto, mas o anota como glosa. Preferimos incorporar ao texto normal.

καὶ κατ᾽ ἄλλους δὲ τρόπους πλείονας ἐνδέχεται κεραυνοὺς
ἀποτελεῖσθαι· μόνον ὁ μῦθος ἀπέστω· ἀπέσται δέ, ἐάν τις καλῶς
τοῖς φαινομένοις ἀκολουθῶν περὶ τῶν ἀφανῶν σημειῶται.

Πρηστῆρας ἐνδέχεται γίνεσθαι καὶ κατὰ κάθεσιν νέφους εἰς
τοὺς κάτω τόπους στυλοειδῶς ὑπὸ πνεύματος ἀθρόου ὠσθέντος
καὶ διὰ τοῦ πνεύματος κύκλω φερομένου, ἅμα καὶ τὸ νέφος εἰς
τὸ πλάγιον ὠθοῦντος τοῦ ἐκτὸς πνεύματος· καὶ κατὰ περίστασιν
δὲ πνεύματος εἰς κύκλον, ἀέρος τινὸς ἐπισυνωθουμένου ἄνωθεν·
καὶ ῥύσεως πολλῆς πνευμάτων γενομένης καὶ οὐ δυναμένης εἰς
τὰ πλάγια διαρρυῆναι διὰ τὴν πέριξ τοῦ ἀέρος πίλησιν. καὶ ἕως
μὲν γῆς τοῦ πρηστῆρος καθιεμένου στρόβιλοι γίγνονται· ἕως δὲ
θαλάττης δῖνοι ἀποτελοῦνται.

Mas é possível que os raios se produzam também de muitas outras maneiras; apenas que se afaste disso o mito, que afastado será se nos conformarmos bem aos fenômenos na sua qualidade de sinais referentes *às coisas invisíveis*.[195]

É possível que os *ciclones*[196] sejam produzidos pela descida à superfície da terra de uma nuvem *sob forma de coluna*[197] impulsionada por uma massa de vento que a transporta circularmente, ao mesmo tempo que o vento externo a essa massa a atinge transversalmente; outra causa deles se apresenta quando a situação promove um vento que se move circularmente, uma porção do ar o repelindo de cima para baixo; ou quando é gerada uma intensa corrente de ventos impossibilitada de dissolver-se de maneira bilateral devido à condensação do ar circundante; a queda do *ciclone*[198] sobre a terra faz nascer os *tornados*,[199] ao passo que no mar produz *redemoinhos*.[200]

---

195. ...τῶν ἀφανῶν... (...*tôn aphanôn*...).
196. ...Πρηστῆρας... (...*Prestêras*...).
197. ...στυλοειδῶς... (...*styloeidôs*...).
198. ...πρηστῆρος... (...*prestêros*...).
199. ...στρόβιλοι... (...*stróbiloi*...).
200. ...δῖνοι... (...*dînoi*...).

Σεισμοὺς ἐνδέχεται γίνεσθαι καὶ κατὰ πνεύματος ἐν | τῇ γῇ ἀπόληψιν καὶ παρὰ μικροὺς ὄγκους αὐτῆς παράθεσιν καὶ συνεχῆ κίνησιν, ὅ τὴν κράδανσιν τῇ γῇ παρασκευάζει. καὶ τὸ πνεῦμα τοῦτο ἢ ἔξωθεν ἐμπεριλαμβάνει <ἢ> ἐκ τοῦ πίπτειν εἰς ἐδάφη εἰς ἀντροειδεῖς τόπους τῆς γῆς ἐκπνευματοῦντα τὸν ἐπειλημμένον ἀέρα. <καὶ> κατ' αὐτὴν δὲ τὴν διάδοσιν τῆς κινήσεως ἐκ τῶν πτώσεων ἐδαφῶν πολλῶν καὶ πάλιν ἀνταπόδοσιν, ὅταν πυκνώμασι σφοδροτέροις τῆς γῆς ἀπαντήσῃ, ἐνδέχεται σεισμοὺς ἀποτελεῖσθαι. καὶ κατ'ἄλλους δὲ πλείους τρόπους τὰς κινήσεις ταύτας τῆς γῆς γίνεσθαι.

Τὰ δὲ πνεύματα συμβαίνει γίνεσθαι κατὰ χρόνον ἀλλοφυλίας τινὸς ἀεὶ καὶ κατὰ μικρὸν παρεισδυομένης, καὶ καθ' ὕδατος ἀφθόνου συλλογήν. τὰ δὲ λοιπὰ πνεύματα γίνεται καὶ ὀλίγων πεσόντων εἰς τὰ πολλὰ κοιλώματα, διαδόσεως τούτων γινομένης.

É possível que os *terremotos*[201] ocorram devido à *retenção do vento na terra*,[202] à sua aproximação de pequenas massas de terra acompanhada de movimento contínuo, o que produz o abalo da terra. E esse vento ou tem origem externa ou provém do desmoronamento dos fundamentos de *lugares semelhantes a cavernas*,[203] resultando na liberação do ar que se encontrava comprimido. A difusão do movimento decorrente da queda de muitos fundamentos do subsolo, quando ocorre a repercussão de encontro a massas de terra compactas e *mais robustas*,[204] constitui outra causa possível dos terremotos. Somam-se a essas outras muitas formas de explicar a geração desses movimentos da terra.

Quanto aos *ventos*[205] acontece de se produzirem no decurso do tempo responsável pela introdução ininterrupta e progressiva de alguma matéria estranha, e de se produzirem por causa da acumulação copiosa de água. No que toca aos demais ventos, são o produto da queda de uma modesta quantidade de matéria nas muitas cavidades [da Terra], seguida de sua difusão.

---

201. ...Σεισμοὺς... (...*Seismoỳs*...).
202. ...πνεύματος ἐν τῇ γῇ ἀπόληψιν... (...*pneýmatos en têi gêi apólepsin*...).
203. ...ἀντροειδεῖς τόπους... (...*antroeideîs tópoys*...).
204. ...σφοδροτέροις... (...*sphodrotérois*...).
205. ...πνεύματα... (...*pneýmata*...).

Χάλαζα συντελεῖται καὶ κατὰ πῆξιν ἰσχυροτέραν, πάντοθεν δὲ πνευματωδῶν περίστασιν τινῶν κᾆτα μέρισιν | καὶ <κατὰ> πῆξιν μετριωτέραν ὑδατοειδῶν τινων, <πνευματωδῶν δέ τινων> ὁμούρησιν ἅμα τήν τε σύνωσιν αὐτῶν ποιουμένην καὶ τὴν διάρρηξιν πρὸς τὸ κατὰ μέρη συνίστασθαι πηγνύμενα καὶ κατὰ ἀθροότητα. ἡ δὲ περιφέρεια οὐκ ἀδυνάτως μὲν ἔχει γίνεσθαι πάντοθεν τῶν ἄκρων ἀποτηκομένων καὶ ἐν τῇ συστάσει πάντοθεν, ὡς λέγεται, κατὰ μέρη ὁμαλῶς περιισταμένων εἴ τε ὑδατοποιῶν τινων εἴ τε πνευματωδῶν.

Χιόνα δὲ ἐνδέχεται συντελεῖσθαι καὶ ὕδατος λεπτοῦ ἐκχεομένου ἐκ τῶν νεφῶν διὰ πόρων συμμετρίας καὶ θλίψεις ἐπιτηδείων νεφῶν ὑπὸ πνευμάτων σφοδράς, εἶτα τούτου πῆξιν ἐν τῇ φορᾷ λαμβάνοντος διά τινα ἰσχυρὰν ἐν τοῖς κατωτέρω τόποις τῶν νεφῶν ψυχρασίας περίστασιν. καὶ κατὰ πῆξιν δ' ἐν τοῖς νέφεσιν ὁμαλῇ ἀραιότητα ἔχουσιν τοιαύτη πρόεσις ἐκ τῶν νεφῶν γίνοιτο ἂν πρὸς ἄλληλα θλιβομένων <τῶν> ὑδατοειδῶν καὶ συμπαρακειμένων· ἃ οἱονεὶ σύνωσιν ποιούμενα χάλαζαν ἀποτελεῖ, ὃ μάλιστα γίνεται ἐν τῷ ἔαρι.

A formação do *granizo*²⁰⁶ se deve a um *congelamento mais vigoroso*²⁰⁷ de partículas de natureza aérea ou eólica que se comprimem de todas as partes [antes de se fragmentarem]; também se deve ao *congelamento mais moderado*²⁰⁸ de certas partículas de natureza aquosa e ao fato de serem limítrofes de partículas de natureza aérea ou eólica; estas concomitantemente comprimem e fragmentam as primeiras, produzindo a solidificação destas, tanto de suas partes quanto do seu todo. Quanto à *forma arredondada*²⁰⁹ do granizo, não é impossível que seja devida ao derretimento de suas extremidades em todas suas partes, bem como ao fato, como se diz, de durante a sua condensação certas partículas de natureza aquosa, aérea ou eólica envolver o granizo em todas as partes e de modo uniforme.

É possível que a *neve*²¹⁰ seja constituída por ocasião da precipitação de uma chuva fina que parte das nuvens por meio da simetria de seus poros e da forte *pressão*²¹¹ exercida pelo vento sobre as nuvens que são próprias para isso; na sequência essa chuva, na sua precipitação, sofre um processo de congelamento por conta do severo resfriamento que acontece nas regiões localizadas abaixo das nuvens. Outra causa da neve é o congelamento produzido nas nuvens detentoras de uma porosidade uniforme, o que resulta na *liberação*²¹² de partículas de natureza aquosa ao fazerem contato e se comprimirem entre si; é ao experimentarem uma espécie de compressão que elas produzem o granizo, o que ocorre principalmente na primavera.

---

206. ...Χάλαζα... (...*Khálaza*...).
207. ...πῆξιν ἰσχυροτέραν... (...*pêxin iskhyrotéran*...).
208. ...πῆξιν μετριωτέραν... (...*pêxin metriotéran*...).
209. ...περιφέρεια... (...*periphéreia*...).
210. ...Χιόνα... (...*Khióna*...), nominativo singular χιών (*khión*).
211. ...θλίψεις... (...*thlípseis*...), ou compressão.
212. ...πρόεσις... (...*próesis*...).

καὶ κατὰ τρίψιν δὲ νεφῶν | πῆξιν εἰληφότων ἀπόπαλσιν ἂν λαμβάνοι τὸ τῆς χιόνος τοῦτο ἄθροισμα. καὶ κατ' ἄλλους δὲ τρόπους ἐνδέχεται χιόνα συντελεῖσθαι.

Δρόσος συντελεῖται καὶ κατὰ σύνοδον πρὸς ἄλληλα ἐκ τοῦ ἀέρος τῶν τοιούτων, ἃ τῆς τοιαύτης ὑγρασίας ἀποτελεστικὰ γίνεται· καὶ κατὰ φορὰν δὲ ἢ ἀπὸ νοτερῶν τόπων ἢ ὕδατα κεκτημένων, ἐν οἵοις τόποις μάλιστα δρόσος συντελεῖται, εἶτα σύνοδον τούτων εἰς τὸ αὐτὸ λαβόντων καὶ ἀποτέλεσιν ὑγρασίας καὶ πάλιν φορὰν ἐπὶ τοὺς κάτω τόπους, καθά περ ὁμοίως καὶ παρ' ἡμῖν ἐπὶ πλεόνων τοιαῦτά τινα <συντελούμενα θεωρεῖται. Καὶ πάχνη δὲ οὐ διαφερόντως> συντελεῖται τῶν δρόσων, τοιούτων τινῶν πῆξίν τινα ποιὰν λαβόντων διὰ περίστασίν τινα ἀέρος ψυχροῦ.

Κρύσταλλος συντελεῖται καὶ κατ' ἔκθλιψιν μὲν τοῦ περιφεροῦς σχηματισμοῦ ἐκ τοῦ ὕδατος, σύνωσιν δὲ τῶν σκαληνῶν καὶ ὀξυγωνίων τῶν ἐν τῷ ὕδατι ὑπαρχόντων· καὶ κατὰ ἔξωθεν δὲ τῶν τοιούτων πρόσκρισιν, ἃ συνελαθέντα πῆξιν τῷ ὕδατι παρεσκεύασε, ποσὰ τῶν περιφερῶν ἐκθλίψαντα. |

É possível ainda que todo esse aglomerado de neve fosse precipitado em decorrência do *atrito*[213] entre nuvens que foram congeladas. É possível também explicar a formação da neve de outras maneiras.

O *orvalho*[214] é formado quer a partir da união em reciprocidade de partículas do ar próprias à produção de tal *umidade*,[215] quer quando essas partículas executam um movimento ascendente partindo de lugares úmidos ou repletos de água, que são os lugares onde, sobretudo, se forma o orvalho, para depois se congregarem em um ponto idêntico e constituírem uma umidade [maior], voltando a se precipitar sobre o solo, que é o que observamos acontecer com muita frequência a nossa volta relativamente a fenômenos semelhantes. E a formação da *geada*[216] não é diferente daquela do orvalho, ocorrendo quando suas partículas são submetidas ao congelamento produzido pelo ar frio que as circunda.

O *gelo*[217] é formado quer pela supressão mediante pressão de partículas de forma arredondada da água e pela compressão de partículas oblíquas e de ângulos agudos *existentes na água*,[218] quer pelo acréscimo, de procedência externa, de [partículas] aparentadas: o amálgama delas leva ao congelamento da água, com isso suprimindo mediante pressão certo número de partículas arredondadas.

---

213. ...τρῖψιν... (...*trîpsin*...).
214. ...Δρόσος... (...*Drósos*...).
215. ...ὑγρασίας... (...*hygrasías*...).
216. ...πάχνη... (...*pákhne*...).
217. ...Κρύσταλλος... (...*Krýstallos*...).
218. ...ἐν τῷ ὕδατι ὑπαρχόντων· ... (...*en tôi hýdati hyparkhónton·* ...).

Ἶρις γίνεται κατὰ πρόσλαμψιν τοῦ ἡλίου πρὸς ἀέρα ὑδατοειδῆ· ἢ κατὰ κρᾶσιν ἰδίαν τοῦ τε φωτὸς καὶ τοῦ ἀέρος, ἢ τὰ τῶν χρωμάτων τούτων ἰδιώματα ποιήσει εἴ τε πάντα εἴ τε μονοειδῶς· ἀφ᾽ οὗ πάλιν ἀπολάμποντος τὰ ὁμοροῦντα τοῦ ἀέρος χρῶσιν τοιαύτην λήψεται, οἵαν θεωροῦμεν, κατὰ πρόσλαμψιν πρὸς τὰ μέρη. Τὸ δὲ τῆς περιφερείας τοῦτο φάντασμα γίνεται διὰ τὸ τὸ διάστημα πάντοθεν ἴσον ὑπὸ τῆς ὄψεως θεωρεῖσθαι, ἢ σύνωσιν τοιαύτην λαμβανουσῶν τῶν ἐν τῷ ἀέρι ἀτόμων ἢ ἐν τοῖς νέφεσιν ἀπὸ τοῦ ἡλίου ἀποφερομένων περιφέρειάν τινα καθίεσθαι τὴν σύγκρισιν ταύτην.

Ἅλως περὶ τὴν σελήνην γίνεται καὶ πάντοθεν ἀέρος προσφερομένου πρὸς τὴν σελήνην ἢ τὰ ἀπ᾽ αὐτῆς ῥεύματα ἀποφερόμενα ὁμαλῶς ἀναστέλλοντος ἐπὶ τοσοῦτον ἐφ᾽ ὅσον κύκλῳ περιστῆσαι εἰς τὸ νεφοειδὲς τοῦτο καὶ μὴ τὸ παράπαν διακρῖναι, ἢ καὶ τὸν πέριξ ἀέρα αὐτῆς ἀναστέλλοντος συμμέτρως πάντοθεν εἰς τὸ περιφερὲς τὸ περὶ αὐτὴν καὶ παχυμερὲς περιστῆσαι. ὃ γίνεται κατὰ | μέρη τινὰ ἤτοι ἔξωθεν βιασαμένου τινὸς ῥεύματος ἢ τῆς θερμασίας ἐπιτηδείων πόρων ἐπιλαμβανομένης εἰς τὸ τοῦτο ἀπεργάσασθαι.

O arco-íris é gerado pelos raios do sol [projetados] no ar úmido;[219] ou por uma mistura característica de ar e luz, responsável pela produção das *particularidades*[220] das cores [do arco-íris], no seu todo ou separadamente. Devido à projeção dessa luz, o ar limítrofe receberá a coloração que observamos por conta da irradiação sobre suas partes. Essa imagem em arco [que percebemos do arco-íris] é produzida porque, do ponto de vista do olho, a distância percebida é igual de todas as partes; outra razão é os átomos presentes no ar ou nas nuvens, átomos que provêm do sol, se comprimirem de modo a criar essa forma semicircular.

O halo que circunda a lua[221] é produzido pelo ar que se move de todas as partes na direção da lua, ou por ele mesmo ao fazer recuar uniformemente as emanações provenientes dela, do que resulta ser ela envolvida *completamente*[222] por uma espécie de nuvem circular que não se desintegra; também é produzido quando esse mesmo ar faz recuar de todas as partes na devida proporção o ar que a circunda e a envolve de uma camada densa. Assim ocorre porque em certas partes ou um fluxo de origem externa é forçado a se formar, ou o calor escapa dos poros apropriados de forma a produzir esse fenômeno.

---

219. ...Ἶρις γίνεται κατὰ πρόσλαμψιν τοῦ ἡλίου πρὸς ἀέρα ὑδατοειδῆ· ... (...*Îris gínetai katà próslampsin toŷ helíoy pròs aéra hydatoeidê*· ...).
220. ...ἰδιώματα... (...*idiómata*...).
221. ...Ἅλως περὶ τὴν σελήνην... (...*Hálos perì tèn selénen*...).
222. ...τὸ παράπαν... (...*tò parápan*...).

Κομῆται ἀστέρες γίνονται ἤτοι πυρὸς ἐν τόποις τισὶ διὰ χρόνων τινῶν ἐν τοῖς μετεώροις συντρεφομένου περιστάσεως γινομένης, ἢ ἰδίαν τινὰ κίνησιν διὰ χρόνων τοῦ οὐρανοῦ ἴσχοντος ὑπὲρ ἡμᾶς, ὥστε τὰ τοιαῦτα ἄστρα ἀναφανῆναι [ἢ αὐτὰ ἐν χρόνοις τισὶν ὁρμῆσαι διά τινα περίστασιν καὶ εἰς τοὺς καθ' ἡμᾶς τόπους ἐλθεῖν καὶ ἐκφανῆ γενέσθαι. τήν τε ἀφάνισιν τούτων γίνεσθαι παρὰ τὰς ἀντικειμένας ταύταις αἰτίας].

112 Τινὰ ἄστρα στρέφεσθαι αὐτοῦ συμβαίνει οὐ μόνον τῷ τὸ μέρος τοῦτο τοῦ κόσμου ἑστάναι, περὶ ὃ τὸ λοιπὸν στρέφεται, καθά περ τινές φασιν, ἀλλὰ καὶ τῷ δίνην ἀέρος ἔγκυκλον αὐτῷ περιεστάναι, ἢ κωλυτικὴ γίνεται τοῦ περιπολεῖν ὡς καὶ τὰ ἄλλα· ἢ καὶ διὰ τὸ ἑξῆς μὲν αὐτοῖς ὕλην ἐπιτηδείαν μὴ εἶναι, ἐν δὲ τούτῳ τῷ τόπῳ ἐν ᾧ κείμενα θεωρεῖται. καὶ κατ' ἄλλους δὲ πλείονας τρόπους τοῦτο δυνατὸν συντελεῖσθαι, ἐάν τις δύνηται τὸ σύμφωνον τοῖς φαινομένοις συλλογίζεσθαι. |

Os *cometas*[223] nascem ou do fogo que se alimenta em certas regiões do céu concentrando-se em certos pontos do mesmo durante um determinado tempo em uma certa situação, ou a partir de um movimento característico do céu que ocorre acima de nós, em tempos nos quais esses astros se revelam, {ou do fato de em certas épocas eles mesmos, por alguma razão, se impulsionarem em função de certas circunstâncias, avizinhando-se de nossas regiões e se tornando visíveis. É devido a causas opostas que ocorre o seu desaparecimento}.[224]

Pode acontecer de certos astros girarem no mesmo lugar não só porque essa parte do mundo, estando ela própria imóvel, atua como eixo para todos os demais astros que giram, segundo alguns dizem, mas também porque o remoinho de ar ao seu redor os impede de girar, que é o que os outros astros fazem; ou pode ser também porque não existe nos lugares próximos a matéria que lhes é apropriada para cumprirem uma trajetória, enquanto existe no lugar no qual os contemplamos. É possível explicá-lo ainda de muitos outros modos, desde que se possa levar em conta a harmonia com os fenômenos.

---

223. ...Κομῆται ἀστέρες... (...*Komêtai astéres*...), literalmente *astros cabeludos*. Em sua trajetória, quando orbitando próximos ao sol os cometas emitem uma espécie de nuvem cuja forma lembra uma *cabeleira*, que passamos a chamar de cauda.
224. { } Todo este período é acrescentado por Usener como interpolação. Nós o destacamos aqui no original: ...ἢ αὐτὰ ἐν χρόνοις τισὶν ὁρμῆσαι διά τινα περίστασιν καὶ εἰς τοὺς καθ' ἡμᾶς τόπους ἐλθεῖν καὶ ἐκφανῆ γενέσθαι. τήν τε ἀφάνισιν τούτων γίνεσθαι παρὰ τὰς ἀντικειμένας ταύταις αἰτίας... (...*è aytà en khrónois tisìn hormêsai diá tina perístasin kaì eis toỳs kath' hemâs tópoys elthein kaì ekphanê genésthai. tén te aphánisin toýton gínesthai parà tàs antikeiménas taýtais aitías*...).

113 Τινὰ τῶν ἄστρων πλανᾶσθαι, εἰ οὕτω ταῖς κινήσεσι χρώμενα συμβαίνει, τινὰ δ' ὁμαλῶς κινεῖσθαι ἐνδέχεται μὲν καὶ παρὰ τὸ κύκλῳ κινούμενα ἐξ ἀρχῆς οὕτω κατηναγκάσθαι, ὥστε τὰ μὲν κατὰ τὴν αὐτὴν δίνην φέρεσθαι ὁμαλῆ οὖσαν, τὰ δὲ κατά τινα δίνησιν ἀνωμαλίαις χρωμένην· ἐνδέχεται δὲ καὶ καθ' οὓς τόπους φέρεται οὗ μὲν παρεκτάσεις ἀέρος εἶναι ὁμαλεῖς ἐπὶ τὸ αὐτὸ συνωθούσας κατὰ τὸ ἑξῆς ὁμαλῶς τε ἐκκαούσας, οὗ δὲ ἀνωμαλεῖς οὕτως ὥστε τὰς θεωρουμένας παραλλαγὰς συντελεῖσθαι. τὸ δὲ μίαν αἰτίαν τούτων ἀποδιδόναι, πλεοναχῶς τῶν φαινομένων ἐκκαλουμένων, μανικὸν καὶ οὐ καθηκόντως πραττόμενον ὑπὸ τῶν τὴν ματαίαν ἀστρολογίαν ἐζηλωκότων καὶ
114 εἰς τὸ κενὸν αἰτίας ἄστρων ἀποδιδόντων, ὅταν τὴν θείαν φύσιν μηθαμῇ λειτουργιῶν ἀπολύσωσι. Τινὰ ἄστρα ὑπολειπόμενα τινῶν θεωρεῖσθαι συμβαίνει καὶ παρὰ τὸ βραδύτερον συμπεριφέρεσθαι τὸν αὐτὸν κύκλον περιόντα, καὶ παρὰ τὸ τὴν ἐναντίαν κινεῖσθαι ἀντισπώμενα ὑπὸ τοιαύτης δίνης· καὶ παρὰ τὸ περιφέρεσθαι τὰ μὲν διὰ πλείονος τόπου, τὰ δὲ δι' ἐλάττονος, τὴν αὐτὴν δίνην περικυκλοῦντα. τὸ δὲ ἁπλῶς ἀποφαίνεσθαι περὶ τούτων καθῆκόν ἐστι τοῖς τερατεύεσθαί τι πρὸς τοὺς πολλοὺς βουλομένοις. |

Certos astros são errantes,[225] se é que seu movimento ocorre como nós o observamos, ao passo que outros se movem com regularidade,[226] o que pode ser explicado entendendo que desde a origem foram obrigados a assumir um movimento circular, uns movidos segundo um curso uniforme e regular, enquanto outros têm um curso caracterizado por certas irregularidades; é possível, ademais, que isso se deva aos lugares que percorrem, considerando que o ar em certos pontos apresenta correntes regulares que ao mesmo tempo que impelem os astros em um rumo idêntico, inflamam-nos de maneira uniforme; por outro lado, o ar apresenta em outros pontos irregularidades suscetíveis de produzir as mudanças observadas por nós. Não passa de insensatez atribuir uma única causa a essas coisas quando os fenômenos conclamam uma pluralidade delas, insensatez esta perpetrada pelos adeptos da *vã astronomia*[227] ao fornecerem explicações vazias no que concerne aos astros quando se recusam de eximir *a natureza divina*[228] absolutamente desses encargos. Acontece de observarmos que certos astros permanecem atrás de outros em seu curso, o que se deve ao fato de se deslocarem com maior lentidão, ainda que em órbita idêntica, ou ao fato de se moverem na direção inversa, o mesmo vórtice os impulsionando no sentido contrário; deve-se também ao fato de que dispõem de maior ou menor espaço para seu percurso obedecendo ao mesmo movimento circular. Entretanto, atribuir a tais fenômenos simplesmente uma explicação diz respeito exclusivamente àqueles que desejam ludibriar a multidão.

---

225. ...Τινὰ τῶν ἄστρων πλανᾶσθαι, ... (...*Tinà tôn ástron planâsthai*, ...).
226. Epicuro, e aqui sua opinião não diverge da *cosmologia* tradicional, mais precisamente aquilo que os antigos gregos chamavam de μετεωρολογία (*meteorología*), distingue basicamente entre os astros errantes ("planetas") e aqueles que, sempre segundo a observação humana, parecem se mover conforme um curso regular e invariável (o sol e a lua).
227. ...ματαίαν ἀστρολογίαν... (...*mataían astrologían*...): no âmbito do conhecimento e das práticas dos gregos da antiguidade inexistia a distinção entre astronomia e astrologia.
228. ...τὴν θείαν φύσιν... (...*tèn theían phýsin*...).

Οἱ λεγόμενοι ἀστέρες ἐκπίπτειν καὶ παρὰ μέρος κατὰ παράτριψιν νεφῶν δύνανται συντελεῖσθαι καὶ πυρὸς ἔκπτωσιν 115 οὗ ἂν ἡ ἐκπνευμάτωσις γένηται, καθά περ καὶ ἐπὶ τῶν ἀστραπῶν 5 ἐλέγομεν· καὶ κατὰ σύνοδον δὲ ἀτόμων πυρὸς ἀποτελεστικῶν, συμφυλίας γενομένης εἰς τὸ τοῦτο τελέσαι, καὶ κίνησιν οὗ ἂν ἡ ὁρμὴ ἐξ ἀρχῆς κατὰ τὴν σύνοδον γένηται· καὶ κατὰ πνεύματος δὲ συλλογὴν ἐν πυκνώμασί τισιν ὁμιχλοειδέσι καὶ ἐκπύρωσιν τούτου διὰ τὴν κατείλησιν, εἶτ᾽ ἐπέκρηξιν τῶν περιεχόντων, καὶ 10 ἐφ᾽ ὃν ἂν τόπον ἡ ὁρμὴ γένηται τῆς φορᾶς, εἰς τοῦτον φερομένου. καὶ ἄλλοι δὲ τρόποι εἰς τὸ τοῦτο τελέσαι ἀνύσιμοί εἰσιν.
    Αἱ δ᾽ ἐπισημασίαι αἱ γινόμεναι ἐπί τισι ζῴοις κατὰ συγκύρημα 15 γίνονται τοῦ καιροῦ. οὐ γὰρ τὰ ζῷα ἀνάγκην τινὰ προσφέρεται τοῦ ἀποτελεσθῆναι χειμῶνα, οὐδὲ κάθηταί τις θεία φύσις 116 παρατηροῦσα τὰς τῶν ζῴων τούτων ἐξόδους κἄπειτα τὰς ἐπισημασίας ταύτας ἐπιτελεῖ· οὐδὲ γὰρ εἰς τὸ τυχὸν ζῷον κἂν <εἰ> μικρὸν χαριέστερον εἴη, τοιαύτη μωρία ἐμπέσοι, μὴ ὅτι εἰς 20 παντελῆ εὐδαιμονίαν κεκτημένον. |

As chamadas *estrelas cadentes*[229] podem ser o produto, em casos particulares, da *fricção das nuvens*,[230] ou de uma separação e queda cuja mistura de fogo e ar pode se produzir tal como falamos quando tratávamos dos relâmpagos; podem também resultar da união de átomos suscetíveis de pegar fogo, união de átomos em afinidade que permite que esse fenômeno se realize, ou graças a um movimento que nasce onde *o impulso inicial*[231] promoveu essa união; outra explicação para tal fenômeno é a acumulação de vento em certos núcleos de massas compactas e nebulosas, produzindo a inflamação desse vento devido ao seu movimento circular e a difração das partes circundantes antes de executar seu movimento rumo aos lugares aos quais é dirigido pelo seu impulso. Mas há outros modos de explicá-lo que são *eficazes*.[232]

As *previsões de mau tempo*[233] oriundas da observação de certos animais ocorrem devido a circunstâncias fortuitas. Com efeito, os animais não têm nenhuma relação necessária com o mau tempo, e nem há nenhuma natureza divina que tenha como função espiar a *saída*[234] dos animais para em seguida realizar o anunciado pelas previsões; de fato, nem à mente de um ser vivo qualquer ocorreria tal loucura (fosse este um pouco mais detentor de conhecimento) nem muito menos àquela de um ser que goza de plena felicidade.

---

229. ...Οἱ λεγόμενοι ἀστέρες ἐκπίπτειν... (...*Hoi legómenoi astéres ekpíptein*...).
230. ...παράτριψιν νεφῶν... (...*parátripsin nephôn*...) é o que consta no texto, mas ...παρὰ τρῖψιν ἄστρων... (*parà trîpsin ástron*), *da fricção dos astros*, é a preferência de outros helenistas ilustres que também estabeleceram o texto.
231. ...ἡ ὁρμὴ ἐξ ἀρχῆς... (...*he hormè ex arkhês*...).
232. ...ἀνύσιμοί... (...*anýsimoí*...), segundo o texto de Usener, mas outros helenistas discordam, preferindo ...ἀμύθητοί... (...*amýthetoí*...), não míticos, ou ἄμυθοι (*ámythoi*), sem mitos.
233. ...ἐπισημασίαι... (...*episemasíai*...).
234. ...ἐξόδους... (...*exódoys*...).

Ταῦτα δὴ πάντα, Πυθόκλεις, μνημόνευσον· κατὰ πολύ τε γὰρ τοῦ μύθου ἐκβήσῃ καὶ τὰ ὁμογενῆ τούτοις συνορᾶν δυνήσῃ. μάλιστα δὲ σεαυτὸν ἀπόδος εἰς τὴν τῶν ἀρχῶν καὶ ἀπειρίας καὶ τῶν συγγενῶν τούτοις θεωρίαν, ἔτι δέ κριτηρίων καὶ παθῶν, καὶ οὗ ἕνεκεν ταῦτα ἐκλογιζόμεθα. ταῦτα γὰρ μάλιστα συνθεωρούμενα ῥᾳδίως τὰς περὶ τῶν κατὰ μέρος αἰτίας συνορᾶν ποιήσει. οἱ δὲ ταῦτα μὴ καταγαπήσαντες ᾗ μάλιστα οὔτ' <ἂν> αὐτὰ ταῦτα καλῶς συνθεωρήσαιεν οὔτε οὗ ἕνεκεν δεῖ θεωρεῖν ταῦτα περιεποιήσαντο. |

Retém na memória todas essas coisas, Pitócles, com o que poderás repudiar o mito e compreender em uma visão de conjunto aquilo que é da mesma ordem. Mas, acima de tudo, te detenhas no estudo dos *princípios*,[235] naquele do infinito e das questões que têm parentesco com essas investigações, incluindo as dos critérios, dos estados passivos e daquilo em função do que refletimos sobre essas questões. Com efeito, o que te facultará facilmente a abarcar com o olhar as causas dos fatos particulares é, sobretudo, ter uma visão de conjunto dessas coisas. *Mas aqueles que não tiverem por essas coisas uma especial devoção*[236] não serão capazes de abarcá-las com o olhar (compreendê-las no seu conjunto) corretamente nem atingir o propósito em função do qual o seu estudo precisa ser realizado.

---

235. ...ἀρχῶν... (...*arkhôn*...).
236. ...οἱ δὲ ταῦτα μὴ καταγαπήσαντες ᾗ μάλιστα... (...*hoi dè taŷta mè katagapésantes hêi málista*...): o verbo καταγαπάω (*katagapáo*) significa literalmente *amar com ternura*.

CARTA A MENECEU

SOBRE A FELICIDADE

ΕΠΙΚΟΥΡΟΣ ΜΕΝΟΙΚΕΙ ΧΑΙΡΕΙΝ

122 Μήτε νέος τις ὢν μελλέτω φιλοσοφεῖν, μήτε γέρων ὑπάρχων κοπιάτω φιλοσοφῶν. οὔτε γὰρ ἄωρος οὐδείς ἐστιν οὔτε πάρωρος πρὸς τὸ κατὰ ψυχὴν ὑγιαῖνον. ὁ δὲ λέγων μήπω τοῦ φιλοσοφεῖν ὑπάρχειν ἢ παρεληλυθέναι τὴν ὥραν ὅμοιός ἐστι τῷ λέγοντι πρὸς εὐδαιμονίαν ἢ μήπω παρεῖναι τὴν ὥραν ἢ μηκέτ' εἶναι. ὥστε φιλοσοφητέον καὶ νέῳ καὶ γέροντι, τῷ μὲν ὅπως γηράσκων νεάζῃ τοῖς ἀγαθοῖς διὰ τὴν χάριν τῶν γεγονότων, τῷ δὲ ὅπως νέος ἅμα καὶ παλαιὸς ᾖ διὰ τὴν ἀφοβίαν τῶν μελλόντων. μελετᾶν οὖν χρὴ τὰ ποιοῦντα τὴν εὐδαιμονίαν, εἴ περ παρούσης μὲν αὐτῆς πάντα ἔχομεν, ἀπούσης δὲ πάντα πράττομεν εἰς τὸ ταύτην ἔχειν.

Epicuro a Meneceu: Salve!

Nem [deve] o jovem adiar o estudo da filosofia, nem o velho começar a dele se cansar. Com efeito, no que concerne a cuidar da saúde da alma, nada é prematuro ou tardio. Dizer que é prematuro começar a ocupar-se da filosofia ou que a hora de fazê-lo passou é semelhante a dizer que a hora de atingir a felicidade ainda não se apresentou ou que não existe [mais]. A conclusão é que [devemos] nos ocupar da filosofia, quer sejamos jovens ou velhos: quem está envelhecendo a fim de redescobrir sua juventude, porque reviverá o gozo dos bens *das coisas do passado*,[237] enquanto aquele que é jovem a fim de ser simultaneamente jovem e velho, porque não experimentará medo diante *das coisas do futuro*.[238] Portanto, é necessário dar atenção àquilo que produz a felicidade, visto que enquanto sua *presença*[239] nos satisfaz plenamente, sua *ausência*[240] nos leva a fazer de tudo para tê-la.

---

237. ...τῶν γεγονότων, ... (...*tôn gegonóton*, ...).
238. ...τῶν μελλόντων. ... (...*tôn mellónton*. ...).
239. ...παρούσης... (...*paroýses*...).
240. ...ἀπούσης... (...*apoýses*...).

123   Ἃ δέ σοι συνεχῶς παρήγγελλον, ταῦτα καὶ πρᾶττε καὶ μελέτα,
15 στοιχεῖα τοῦ καλῶς ζῆν ταῦτ' εἶναι διαλαμβάνων· πρῶτον μὲν
τὸν θεὸν ζῷον ἄφθαρτον καὶ μακάριον νομίζων, ὡς ἡ κοινὴ τοῦ
θεοῦ νόησις ὑπεγράφη, | μηθὲν μήτε τῆς ἀφθαρσίας ἀλλότριον
μήτε τῆς μακαριότητος ἀνοίκειον αὐτῷ πρόσαπτε· πᾶν δὲ τὸ
φυλάττειν αὐτοῦ δυνάμενον τὴν μετὰ ἀφθαρσίας μακαριότητα
περὶ αὐτὸν δόξαζε. θεοὶ μὲν γὰρ εἰσίν· ἐναργὴς γὰρ αὐτῶν ἐστιν
5 ἡ γνῶσις. οἵους δ' αὐτοὺς <οἱ> πολλοὶ νομίζουσιν, οὐκ εἰσίν· οὐ
γὰρ φυλάττουσιν αὐτοὺς οἵους νοοῦσιν. ἀσεβὴς δὲ οὐχ ὁ τοὺς
124 τῶν πολλῶν θεοὺς ἀναιρῶν, ἀλλ' ὁ τὰς τῶν πολλῶν δόξας θεοῖς
προσάπτων.

Ocupa-te incessantemente dos preceitos que a ti transmiti e os põe em prática distinguindo-os como sendo os elementos do viver bem. Primeiramente, reconhece que, *como indica a concepção comum de deus*,[241] a divindade é um ser vivo imortal e bem-aventurado, não se devendo a ela atribuir nada de estranho a sua imortalidade, nada de impróprio a sua bem-aventurança; crê, em lugar disso, em tudo aquilo capaz de nela preservar a bem-aventurança acompanhada da imortalidade. *Com efeito, os deuses existem; há deles um conhecimento evidente, porém eles não são como a multidão os reconhece, pois esta não os respeita do modo que os representa. A pessoa irreligiosa não é a que suprime os deuses da multidão, mas a que atribui aos deuses a opinião da multidão.*[242]

---

241. ...ὡς ἡ κοινὴ τοῦ θεοῦ νόησις ὑπεγράφη, ... (...*hos he koinè toŷ theoŷ nóesis hypegráphe*, ...).
242. ...θεοὶ μὲν γὰρ εἰσίν· ἐναργὴς γὰρ αὐτῶν ἐστιν ἡ γνῶσις. οἵους δ' αὐτοὺς οἱ πολλοὶ νομίζουσιν, οὐκ εἰσίν· οὐ γὰρ φυλάττουσιν αὐτοὺς οἵους νοοῦσιν. ἀσεβὴς δὲ οὐχ ὁ τοὺς τῶν πολλῶν θεοὺς ἀναιρῶν, ἀλλ' ὁ τὰς τῶν πολλῶν δόξας θεοῖς προσάπτων. ... (...*theoì mèn gàr eisín· enargès gàr aytôn estin he gnôsis. hoíoys d' aytoỳs hoi polloì nomízoysin, oyk eisín· oy gàr phyláttoysin aytoỳs hoíoys nooŷsin. asebès dè oykh ho toỳs tôn pollôn theoỳs anairôn, all' ho tàs tôn pollôn dóxas theoîs prosápton.* ...). A despeito de seu materialismo (que não dá margem às investigações metafísicas), Epicuro *admite* certamente a existência dos deuses, mas devemos tentar compreender em que termos ele o faz. Os deuses para ele, imortais e bem-aventurados, nada têm a ver com os assuntos humanos, com os quais não se importam, não exercendo nenhuma ingerência ou influência nas vidas humanas (que é o indicado pela concepção mítica dos deuses); assim, o culto aos deuses (no domínio da devoção religiosa) nada significa, pois a própria conexão com o divino inexiste, sendo, por outro lado descabido responsabilizar esses seres imortais e bem-aventurados pelos muitos males que afetam a humanidade no mundo. A oposição, no terreno da filosofia, por exemplo, ao pensamento platônico, é flagrante.

οὐ γὰρ προλήψεις εἰσὶν ἀλλ' ὑπολήψεις ψευδεῖς αἱ τῶν πολλῶν
ὑπὲρ θεῶν ἀποφάσεις, ἔνθεν αἱ μέγισται βλάβαι τε τοῖς κακοῖς
ἐκ θεῶν ἐπάγονται καὶ ὠφέλειαι <τοῖς ἀγαθοῖς>. ταῖς γὰρ ἰδίαις
οἰκειούμενοι διὰ παντὸς ἀρεταῖς τοὺς ὁμοίους ἀποδέχονται,
πᾶν τὸ μὴ τοιοῦτον ὡς ἀλλότριον νομίζοντες.

Συνέθιζε δὲ ἐν τῷ νομίζειν μηδὲν πρὸς ἡμᾶς εἶναι τὸν
θάνατον· ἐπεὶ πᾶν ἀγαθὸν καὶ κακὸν ἐν αἰσθήσει· στέρησις δὲ
ἐστὶν αἰσθήσεως ὁ θάνατος. ὅθεν γνῶσις ὀρθὴ τοῦ μηθὲν εἶναι
πρὸς ἡμᾶς τὸν θάνατον ἀπολαυστὸν ποιεῖ τὸ τῆς ζωῆς θνητόν,
οὐκ ἄπειρον προστιθεῖσα χρόνον ἀλλὰ τὸν τῆς ἀθανασίας
ἀφελομένη πόθον.

De fato, as *respostas*[243] que a multidão oferece sobre os deuses não são *pré-noções*,[244] não passando de *suposições*[245] falsas, daí a crença de que os deuses trazem aos *maus*[246] os maiores danos e que dão assistência aos *bons*.[247] Com efeito, ligada estreitamente à ideia particular que tem de todas as *virtudes*,[248] [a multidão] limita-se a reconhecer o que a ela se assemelha, tendo como estranho tudo que se opõe a isso.

Acostuma-te a considerar que a morte nada é para nós, pois todo bem e todo mal estão na sensação;[249] *a morte é a privação da sensação.*[250] Consequentemente, o conhecimento correto de que para nós a morte nada é nos faz gozar *a vida mortal*,[251] não acrescendo a isso um tempo infinito, mas afastando o *desejo*[252] de *imortalidade*.[253]

---

243. ...ἀποφάσεις, ... (...*apopháseis*, ...).
244. ...προλήψεις... (...*prolépseis*...).
245. ...ὑπολήψεις... (...*hypolépseis*...).
246. ...κακοῖς... (...*kakoîs*...).
247. ...ἀγαθοῖς ... (...*agathoîs*...).
248. ...ἀρεταῖς... (...*aretaîs*...).
249. ...Συνέθιζε δὲ ἐν τῷ νομίζειν μηδὲν πρὸς ἡμᾶς εἶναι τὸν θάνατον· ἐπεὶ πᾶν ἀγαθὸν καὶ κακὸν ἐν αἰσθήσει· ... (...*Synéthize dè en tôi nomízein medèn pròs hemâs eînai tòn thánaton· epeì pân agathòn kaì kakòn en aisthései·* ...).
250. ...στέρησις δὲ ἐστὶν αἰσθήσεως ὁ θάνατος. ... (...*stéresis dè estìn aisthéseos ho thánatos.* ...).
251. ...τῆς ζωῆς θνητόν, ... (...*tês zoês thnetón*, ...).
252. ...πόθον. ... (...*póthon.* ...), mais precisamente o desejo aflitivo por *algo ausente ou remoto*.
253. ...ἀθανασίας... (...*athanasías*...).

οὐθὲν | γάρ ἐστιν ἐν τῷ ζῆν δεινὸν τῷ κατειληφότι γνησίως τὸ μηδὲν ὑπάρχειν ἐν τῷ μὴ ζῆν δεινόν. ὥστε μάταιος ὁ λέγων δεδιέναι τὸν θάνατον οὐχ ὅτι λυπήσει παρών, ἀλλ᾽ ὅτι λυπεῖ μέλλων. ὃ γὰρ παρὸν οὐκ ἐνοχλεῖ, προσδοκώμενον κενῶς
5 λυπεῖ. τὸ φρικωδέστατον οὖν τῶν κακῶν ὁ θάνατος οὐθὲν πρὸς ἡμᾶς, ἐπειδή περ ὅταν μὲν ἡμεῖς ὦμεν, ὁ θάνατος οὐ πάρεστιν· ὅταν δ᾽ ὁ θάνατος παρῇ, τόθ᾽ ἡμεῖς οὐκ ἐσμέν. οὔτε οὖν πρὸς τοὺς ζῶντάς ἐστιν οὔτε πρὸς τοὺς τετελευτηκότας, ἐπειδή περ
10 περὶ οὓς μὲν οὐκ ἔστιν, οἳ δ᾽ οὐκέτι εἰσίν. Ἀλλ᾽ οἱ πολλοὶ τὸν θάνατον ὁτὲ μὲν ὡς μέγιστον τῶν κακῶν φεύγουσιν, ὁτὲ δὲ ὡς
126 ἀνάπαυσιν τῶν ἐν τῷ ζῆν <κακῶν αἱροῦνται.

Com efeito, nada de terrível existe na vida para aquele que realmente apreendeu que nada existe de terrível em não viver. É um tolo o indivíduo que diz recear a morte não pelo sofrimento que lhe causaria no futuro, mas por experimentar sofrimento no presente pela [ideia] de que ela acontecerá no futuro. O fato é que aquilo que uma vez presente não produz nenhuma perturbação só pode despertar um sofrimento destituído de fundamento quando ficamos na sua expectativa. Portanto, *o mais terrível*[254] dos males, a morte, em nada nos diz respeito simplesmente porque enquanto vivemos ela não existe, e quando ela passa a existir somos nós que não existimos mais. Conclui-se não ser ela nem para os vivos nem para os mortos, a considerar que não existe para os primeiros e que os segundos não existem mais. Contudo, muitas pessoas fogem da morte como se fosse ela o maior dos males, ao passo que outras a elegem como instrumento para fazer cessar os males da vida.

---

254. ...τὸ φρικωδέστατον... (...*tò phrikodéstaton*...), o mais horrendo.

ὁ δὲ σοφὸς οὔτε παραιτεῖται τὸ ζῆν> οὔτε φοβεῖται τὸ μὴ ζῆν·
οὔτε γὰρ αὐτῷ προσίσταται τὸ ζῆν οὔτε δοξάζεται κακὸν
εἶναί τι τὸ μὴ ζῆν. ὥσπερ δὲ σιτίον οὐ τὸ πλεῖον πάντως ἀλλὰ
τὸ ἥδιον αἱρεῖται, οὕτω καὶ χρόνον οὐ τὸν μήκιστον ἀλλὰ τὸν
ἥδιστον καρπίζεται. Ὁ δὲ παραγγέλλων τὸν μὲν νέον καλῶς
ζῆν, τὸν δὲ γέροντα καλῶς καταστρέφειν εὐήθης ἐστὶν οὐ μόνον
διὰ τὸ τῆς ζωῆς ἀσπαστόν, ἀλλὰ καὶ διὰ τὸ τὴν αὐτὴν εἶναι
μελέτην τοῦ καλῶς ζῆν καὶ τοῦ καλῶς ἀποθνήσκειν. πολὺ δὲ
χεῖρον καὶ ὁ λέγων καλὸν μὲν μὴ φῦναι,

φύντα δ' ὅπως ὤκιστα πύλας Ἀίδαο περῆσαι. |

127 εἰ μὲν γὰρ πεποιθὼς τοῦτό φησι, πῶς οὐκ ἀπέρχεται τοῦ ζῆν;
ἐν ἑτοίμῳ γὰρ αὐτῷ τοῦτ' ἐστίν, εἴ περ ἦν βεβουλευμένον αὐτῷ
βεβαίως· εἰ δὲ μωκώμενος, μάταιος ἐν τοῖς οὐκ ἐπιδεχομένοις.
Μνημονευτέον δὲ ὡς τὸ μέλλον οὔτε ἡμέτερον οὔτε πάντως
οὐχ ἡμέτερον, ἵνα μήτε πάντως προσμένωμεν ὡς ἐσόμενον μήτε
ἀπελπίζωμεν ὡς πάντως οὐκ ἐσόμενον.

O sábio, se por um lado não repudia a vida, por outro tampouco teme não viver; para ele a vida não constitui um fardo como também não viver lhe parece um mal. Tal como não se escolhe o alimento em função de sua grande quantidade, mas em função de ser agradável ao paladar, ele prefere colher os frutos doces da vida, preterindo a longevidade. A atitude de transmitir como preceito ao jovem o viver bem e ao velho o morrer bem só poderia caber a um tolo, quer porque a vida é agradável, quer porque o cuidado de viver bem e aquele de morrer bem são uma mesma coisa. No que toca àquele[255] que diz que seria muito melhor não ter nascido...

>...e uma vez nascido transpor o mais rápido possível
>os portais do Hades,...

...é ainda mais tolo, pois se está persuadido do que diz por que não providencia a partida de sua vida? Nada mais evidente se sua decisão foi tomada de maneira ponderada e com firmeza, mas *sendo gracejo*[256] comporta frivolidade. Convém, ademais, lembrar que embora o futuro não nos pertença, também não nos escapa totalmente, de modo que se trata de não o aguardar como algo inevitável e de perder toda esperança como se ele não viesse acontecer.

---

255. Teógnis de Megara (*c.* 540 a.C.), poeta elegíaco.
256. ...μωκώμενος, ... (...*mokómenos*, ...).

Ἀναλογιστέον δὲ ὡς τῶν ἐπιθυμιῶν αἳ μέν εἰσι φυσικαί, αἳ δὲ κεναί, καὶ τῶν φυσικῶν αἳ μὲν ἀναγκαῖαι, αἳ δὲ φυσικαὶ μόνον· τῶν δ' ἀναγκαίων αἳ μὲν πρὸς εὐδαιμονίαν εἰσὶν ἀναγκαῖαι, αἳ δὲ πρὸς τὴν τοῦ σώματος ἀοχλησίαν, αἳ δὲ πρὸς αὐτὸ τὸ ζῆν. τούτων γὰρ ἀπλανὴς θεωρία πᾶσαν αἵρεσιν καὶ φυγὴν ἐπανάγειν οἶδεν ἐπὶ τὴν τοῦ σώματος ὑγίειαν καὶ τὴν <τῆς ψυχῆς> ἀταραξίαν, ἐπεὶ τοῦτο τοῦ μακαρίως ζῆν ἐστι τέλος. Τούτου γὰρ χάριν πάντα πράττομεν, ὅπως μήτε ἀλγῶμεν μήτε ταρβῶμεν. ὅταν δὲ ἄπαξ τοῦτο περὶ ἡμᾶς γένηται, λύεται πᾶς ὁ τῆς ψυχῆς χειμών, οὐκ ἔχοντος τοῦ ζῴου βαδίζειν ὡς πρὸς ἐνδέον τι καὶ ζητεῖν ἕτερον ᾧ τὸ τῆς ψυχῆς καὶ τοῦ σώματος ἀγαθὸν συμπληρώσεται. τότε γὰρ ἡδονῆς χρείαν ἔχομεν, ὅταν ἐκ τοῦ μὴ παρεῖναι τὴν ἡδονὴν ἀλγῶμεν· <ὅταν δὲ μηδὲν ἀλγῶμεν>, οὐκέτι τῆς ἡδονῆς δεόμεθα. καὶ διὰ τοῦτο τὴν ἡδονὴν ἀρχὴν καὶ τέλος | λέγομεν εἶναι τοῦ μακαρίως ζῆν.

Trata-se de refletir por analogia que há *desejos*[257] que são naturais, ao passo que há outros que carecem de fundamento e que, entre os naturais, há os necessários e os que são apenas naturais; dos necessários, há alguns necessários à *felicidade*,[258] outros à *calma contínua*[259] do corpo, havendo também os que são necessários à própria vida. *Realmente, um estudo impecável deles possibilitaria reduzir toda escolha e rejeição à saúde do corpo e à tranquilidade da alma, visto ser esta a finalidade da vida bem-aventurada.*[260] Com efeito, o prazer presente em tudo que fazemos consiste em evitar quer o sofrimento quer o temor. Ora, uma vez conquistemos isso, *dissolvem-se todas as tempestades da alma*,[261] não tendo mais o ser vivo de dirigir-se para qualquer coisa de que carece ou ir em busca de algo que seja distinto de possibilitar que o bem da alma e do corpo encontre sua completitude. Com efeito, a necessidade do prazer se apresenta quando padecemos sua falta; mas não temos mais necessidade do prazer quando não padecemos sua falta. *É por isso, inclusive, que dizemos que o prazer é o princípio e o fim da vida bem-aventurada.*[262]

---

257. ...ἐπιθυμιῶν... (...*epithymiôn*...).
258. ...εὐδαιμονίαν... (...*eydaimonían*...).
259. ...ἀοχλησίαν... (...*aokhlesían*...).
260. ...τούτων γὰρ ἀπλανὴς θεωρία πᾶσαν αἵρεσιν καὶ φυγὴν ἐπανάγειν οἶδεν ἐπὶ τὴν τοῦ σώματος ὑγίειαν καὶ τὴν [τῆς ψυχῆς]* ἀταραξίαν, ἐπεὶ τοῦτο τοῦ μακαρίως ζῆν ἐστι τέλος. ... (...*toýton gàr aplanès theoría pâsan haíresin kaì phygèn epanágein oîden epì tèn toŷ sómatos hygíeian kaì tèn [tês psykhês] ataraxían, epeì toŷto toŷ makaríos zên esti télos.* ...).

   * Usener registra τῆς ψυχῆς restritivamente, mas é indiferente do ponto de vista da compreensão do texto, porquanto especialmente no contexto da terminologia de Epicuro ἀταραξία já significa, além de ausência de perturbação, tranquilidade *da alma*.

261. ...λύεται πᾶς ὁ τῆς ψυχῆς χειμών, ... (...*lýetai pâs ho tês psykhês kheimón,* ...).
262. ...καὶ διὰ τοῦτο τὴν ἡδονὴν ἀρχὴν καὶ τέλος λέγομεν εἶναι τοῦ μακαρίως ζῆν. ... (...*kaì dià toŷto tèn hedonèn arkhèn kaì télos légomen eînai toŷ makaríos zên.* ...).

ταύτην γὰρ ἀγαθὸν πρῶτον καὶ συγγενικὸν ἔγνωμεν, καὶ
ἀπὸ ταύτης καταρχόμεθα πάσης αἱρέσεως καὶ φυγῆς καὶ ἐπὶ
ταύτην καταντῶμεν ὡς κανόνι τῷ πάθει πᾶν ἀγαθὸν κρίνοντες.
5 Καὶ ἐπεὶ πρῶτον ἀγαθὸν τοῦτο καὶ σύμφυτον, διὰ τοῦτο καὶ
οὐ πᾶσαν ἡδονὴν αἱρούμεθα, ἀλλ' ἔστιν ὅτε πολλὰς ἡδονὰς
ὑπερβαίνομεν, ὅταν πλεῖον ἡμῖν τὸ δυσχερὲς ἐκ τούτων ἕπηται·
καὶ πολλὰς ἀλγηδόνας ἡδονῶν κρείττους νομίζομεν, ἐπειδὰν
10 μείζων ἡμῖν ἡδονὴ παρακολουθῇ πολὺν χρόνον ὑπομείνασι τὰς
ἀλγηδόνας. Πᾶσα οὖν ἡδονὴ διὰ τὸ φύσιν ἔχειν οἰκείαν ἀγαθόν, οὐ
πᾶσα μέντοι <γ'> αἱρετή· καθά περ καὶ ἀλγηδὼν πᾶσα κακόν,
130 οὐ πᾶσα δὲ ἀεὶ φευκτὴ πεφυκυῖα. τῇ μέντοι συμμετρήσει καὶ
συμφερόντων καὶ ἀσυμφόρων βλέψει ταῦτα πάντα κρίνειν
15 καθήκει. χρώμεθα γὰρ τῷ μὲν ἀγαθῷ κατά τινας χρόνους ὡς
κακῷ, τῷ δὲ κακῷ τἄμπαλιν ὡς ἀγαθῷ. Καὶ τὴν αὐτάρκειαν δὲ
ἀγαθὸν μέγα νομίζομεν, οὐχ ἵνα πάντως τοῖς ὀλίγοις χρώμεθα,
ἀλλ' ὅπως ἐὰν μὴ ἔχωμεν τὰ πολλά, τοῖς ὀλίγοις ἀρκώμεθα,
20 πεπεισμένοι γνησίως ὅτι ἥδιστα πολυτελείας ἀπολαύουσιν οἱ
ἥκιστα ταύτης δεόμενοι, καὶ ὅτι τὸ μὲν φυσικὸν πᾶν εὐπόριστόν
ἐστι, τὸ δὲ κενὸν δυσπόριστον. οἱ γὰρ λιτοὶ χυλοὶ ἴσην πολυτελεῖ
διαίτῃ τὴν ἀηδίαν ἐπιφέρουσιν, ὅταν ἅπαν τὸ ἀλγοῦν κατ'
131 ἔνδειαν | ἐξαιρεθῇ· καὶ μᾶζα καὶ ὕδωρ τὴν ἀκροτάτην ἀποδίδωσιν
ἡδονήν, ἐπειδὰν ἐνδέων τις αὐτὰ προσενέγκηται.

Nele efetivamente está o primeiro dos bens que nos é inato; é o primeiro a nos fazer escolher ou rejeitar qualquer coisa e é nosso ponto de chegada, pois todo bem é julgado por nós tendo como regra o que nos afeta. Ademais, sendo ele nosso primeiro bem inato, não nos dispomos a escolher qualquer prazer, acontecendo de às vezes deixarmos de lado muitos prazeres quando para nós a partir deles se segue uma tristeza intensa. Que se some a isso que optamos por muitas *dores*[263] em lugar de prazeres sempre que um prazer maior sucede a dores suportadas há muito tempo. Portanto, todo prazer é um bem, por conta do fato de sua natureza coadunar-se com a que nos é própria; todavia, nem todo prazer é *desejável*;[264] igualmente toda dor é um mal, mas nem toda dor é para ser sempre evitada. Entretanto, trata-se de julgar tudo isso mediante uma avaliação comparativa e pesando o que é proveitoso e o que é inútil ou prejudicial. Com efeito, pode ocorrer de em algumas ocasiões empregarmos o bem como um mal e, *ao inverso*,[265] o mal como um bem.[266] Consideramos também um grande bem a *autossuficiência*,[267] não por ser necessário viver absolutamente na escassez, com pouco, mas para sabermos nos contentar com pouco se não tivermos muito; pensamos que aqueles que extraem um legítimo gozo de uma vida suntuosa de grandes gastos são os que dela têm a menor necessidade e que tudo que é natural é de *fácil obtenção*,[268] enquanto o fútil e artificial é de *difícil obtenção*.[269] De fato, um regime alimentar simples e frugal traz o mesmo prazer que uma dieta sofisticada quando a dor ligada à carência é eliminada. É depois de experimentar sua privação que o *pão*[270] e a água proporcionam o máximo prazer.

---

263. ...ἀλγηδόνας... (...*algedónas*...).
264. ...αἱρετή· ... (...*haireté*· ...), mais exatamente: *elegível, passível de ser escolhido*.
265. ...τοὔμπαλιν... (...*toýmpalin*...), e não τἄμπαλιν (*támpalin*).
266. A ética em Epicuro não se articula em uma dicotomia estática do bem e do mal.
267. ...αὐτάρκειαν... (...*aytárkeian*...).
268. ...εὐπόριστόν... (...*eypóristón*...).
269. ...δυσπόριστον. ... (...*dyspóriston*. ...).
270. ...μάζα... (...*máza*...): mais exatamente *pão de cevada* e não *pão de farinha de trigo* (ἄρτος [*ártos*]).

τὸ συνεθίζειν οὖν ἐν ταῖς ἁπλαῖς καὶ οὐ πολυτελέσι διαίταις καὶ
ὑγιείας ἐστὶ συμπληρωτικὸν καὶ πρὸς τὰς ἀναγκαίας τοῦ βίου
χρήσεις ἄοκνον ποιεῖ τὸν ἄνθρωπον καὶ τοῖς πολυτελέσιν ἐκ
διαλειμμάτων προσερχομένους κρεῖττον ἡμᾶς διατίθησι καὶ
πρὸς τὴν τύχην ἀφόβους παρασκευάζει. Ὅταν οὖν λέγωμεν
ἡδονὴν τέλος ὑπάρχειν, οὐ τὰς τῶν ἀσώτων ἡδονὰς καὶ τὰς
ἐν ἀπολαύσει κειμένας λέγομεν, ὥς τινες ἀγνοοῦντες καὶ οὐχ
ὁμολογοῦντες ἢ κακῶς ἐκδεχόμενοι νομίζουσιν, ἀλλὰ τὸ μήτε
ἀλγεῖν κατὰ σῶμα μήτε ταράττεσθαι κατὰ ψυχήν· οὐ γὰρ πότοι
καὶ κῶμοι συνείροντες οὐδ' ἀπόλαυσις παίδων καὶ γυναικῶν
οὐδ' ἰχθύων καὶ τῶν ἄλλων, ὅσα φέρει πολυτελὴς τράπεζα, τὸν
ἡδὺν γεννᾷ βίον, ἀλλὰ νήφων λογισμὸς καὶ τὰς αἰτίας ἐξερευνῶν
πάσης αἱρέσεως καὶ φυγῆς καὶ τὰς δόξας ἐξελαύνων, ἐξ ὧν
πλεῖστος τὰς ψυχὰς καταλαμβάνει θόρυβος.

Consequentemente, habituar-se a um gênero simples de vida em lugar de viver suntuosamente contribui para manter a saúde plena; contribui também para a execução diligente, por parte do ser humano, das *necessidades da vida*,[271] possibilitando, inclusive, que regulemos melhor a opulência nos intervalos em que se faz presente e que nos preparemos para enfrentar as eventualidades da sorte. *Portanto, quando dizemos que o prazer é o propósito da existência não nos referimos aos prazeres dos sentidos ou àqueles dos libertinos, como consideram certos ignorantes que discordam de nós ou nos entendem mal, mas àquele em que nem a alma se perturba nem o corpo sofre; com efeito, não são bebedeiras e banquetes contínuos nem o prazer dos sentidos que obtemos das relações com rapazolas e mulheres, nem aqueles concedidos por uma mesa farta guarnecida de peixes e iguarias de outros tipos que tornam a vida prazerosa; ao contrário, é o raciocínio sóbrio que busca conhecer as causas de toda escolha e de toda rejeição e que expulsa as opiniões que retêm as almas no maior tumulto.*[272]

---

271. ...ἀναγκαίας τοῦ βίου... (...*anagkaías toŷ bíoy*...).
272. Período sumamente importante que sintetiza o pensamento ético de Epicuro, descartando diversas formas de hedonismo que o têm na conta de inspirador ou mesmo fundador. A despeito desta edição bilíngue salientamos aqui nesta nota o original: Ὅταν οὖν λέγωμεν ἡδονὴν τέλος ὑπάρχειν, οὐ τὰς τῶν ἀσώτων ἡδονὰς καὶ τὰς ἐν ἀπολαύσει κειμένας λέγομεν, ὥς τινες ἀγνοοῦντες καί οὐχ ὁμολογοῦντες ἢ κακῶς ἐκδεχόμενοι νομίζουσιν, ἀλλὰ τὸ μήτε ἀλγεῖν κατὰ σῶμα μήτε ταράττεσθαι κατὰ ψυχήν· οὐ γὰρ πότοι καὶ κῶμοι συνείροντες οὐδ' ἀπόλαυσις παίδων καὶ γυναικῶν οὐδ' ἰχθύων καὶ τῶν ἄλλων, ὅσα φέρει πολυτελὴς τράπεζα, τὸν ἡδὺν γεννᾷ βίον, ἀλλὰ νήφων λογισμὸς καὶ τὰς αἰτίας ἐξερευνῶν πάσης αἱρέσεως καὶ φυγῆς καὶ τὰς δόξας ἐξελαύνων, ἐξ ὧν πλεῖστος τὰς ψυχὰς καταλαμβάνει θόρυβος. ... (*Hótan oŷn légomen hedonèn télos hypárkhein, oy tàs tôn asóton hedonàs kaì tàs en apolaýsei keiménas légomen, hós tines agnooýntes kaì oykh homologoýntes è kakôs ekdekhómenoi nomízoysin, allà tò méte algeîn katà sôma méte taráttesthai katà psykhén· oy gàr pótoi kaì kômoi syneírontes oyd' apólaysis paídon kaì gynaikôn oyd' ikhthýon kaì tôn állon, hósa phérei polytelès trápeza, tòn hedỳn gennâi bíon, allà néphon logismòs kaì tàs aitías exereynôn páses hairéseos kaì phygês kaì tàs dóxas exelaýnon, ex hôn pleîstos tàs psykhàs katalambánei thórybos. ...*).

Τούτων δὲ πάντων ἀρχὴ καὶ τὸ μέγιστον ἀγαθὸν φρόνησις. διὸ καὶ φιλοσοφίας τιμιώτερον ὑπάρχει φρόνησις, ἐξ ἧς αἱ λοιπαὶ πᾶσαι πεφύκασιν ἀρεταί, διδάσκουσα ὡς οὐκ ἔστιν ἡδέως ζῆν ἄνευ τοῦ φρονίμως καὶ καλῶς καὶ δικαίως <οὐδὲ φρονίμως καὶ καλῶς καὶ δικαίως> ἄνευ τοῦ ἡδέως. συμπεφύκασι γὰρ αἱ ἀρεταὶ τῷ ζῆν ἡδέως, καὶ τὸ ζῆν ἡδέως τούτων ἐστὶν ἀχώριστον. |

O princípio de todas essas coisas, e o bem maior, é a *sabedoria*.[273] Eis porque a sabedoria deve receber maior apreço do que a *filosofia*[274], sendo a partir dela que vêm a ser todas as virtudes restantes, ela que nos ensina que a vida prazerosa não existe sem que se viva *sábia, honrosa e justamente*,[275] e tampouco que se possa viver sábia, honrosa e justamente sem viver prazerosamente. Com efeito, as virtudes estão naturalmente vinculadas à vida prazerosa, ao passo que a vida prazerosa é delas indissociável.

---

273. ...φρόνησις. ... (...*phrónesis*. ...), ou prudência, sabedoria prática.
274. ...φιλοσοφίας... (...*philosophías*...), filosofia concebida unicamente como especulação, teoria.
275. ...φρονίμως καὶ καλῶς καὶ δικαίως... (...*phronímos kaì kalôs kaì dikaíos*...).

133 ἐπεὶ τίνα νομίζεις εἶναι κρείττονα τοῦ καὶ περὶ θεῶν ὅσια
δοξάζοντος καὶ περὶ θανάτου διὰ παντὸς ἀφόβως ἔχοντος
καὶ τὸ τῆς φύσεως ἐπιλελογισμένου τέλος, καὶ τὸ μὲν τῶν
5 ἀγαθῶν πέρας ὡς ἔστιν εὐσυμπλήρωτόν τε καὶ εὐπόριστον
διαλαμβάνοντος, τὸ δὲ τῶν κακῶν ὡς ἢ χρόνους ἢ πόνους
ἔχει βραχεῖς, τὴν δὲ ὑπό τινων δεσπότιν εἰσαγομένην πάντων
διαγελῶντος <εἱμαρμένην καὶ μᾶλλον ἃ μὲν κατ' ἀνάγκην
γίγνεσθαι λέγοντος>, ἃ δὲ ἀπὸ τύχης, ἃ δὲ παρ' ἡμᾶς διὰ τὸ τὴν
10 μὲν ἀνάγκην ἀνυπεύθυνον εἶναι, τὴν δὲ τύχην ἄστατον ὁρᾶν,
τὸ δὲ παρ' ἡμᾶς ἀδέσποτον, ᾧ καὶ τὸ μεμπτὸν καὶ τὸ ἐναντίον
134 παρακολουθεῖν πέφυκεν (ἐπεὶ κρεῖττον ἦν τῷ περὶ θεῶν μύθῳ
κατακολουθεῖν ἢ τῇ τῶν φυσικῶν εἱμαρμένῃ δουλεύειν·

E quem consideras superior àquele que pensa acerca dos deuses com devoção religiosa e jamais teme a morte? Aquele que pondera sobre o fim da natureza e explica que o bem soberano é *de fácil acesso e fácil obtenção*,[276] que os males não dão trabalho e duram pouco; aquele que zomba do que é *predestinado*,[277] o que é para alguns o *senhor*[278] de todas as coisas, dizendo que mais vale crer que certos acontecimentos se devem à *necessidade*,[279] outros à *sorte*[280] e outros à nossa própria vontade, porque a necessidade é independente (e não tem contas a prestar), a sorte é instável, nossa vontade é *livre*[281] e o que é censurável e o seu contrário são suas naturais consequências. Melhor acatar os mitos no que diz respeito aos deuses do que se submeter ao *destino dos filósofos da natureza*;[282]

---

276. ...εὐσυμπλήρωτόν τε καὶ εὐπόριστον... (...*eysymplérotón te kaì eypóriston*...).
277. ...εἱμαρμένην... (...*heimarménen*...), do destino.
278. ...δεσπότιν... (...*despótin*...).
279. ...ἀνάγκην... (...*anágken*...).
280. ...τύχης, ... (...*týkhes*, ...). Atentar para a distinção feita entre destino, necessidade e sorte.
281. ...ἀδέσποτον, ... (...*adéspoton*, ...), ou seja, não está submetida a um senhor.
282. ...τῶν φυσικῶν εἱμαρμένη... (...*tôn physikôn heimarménei*...). A alusão parece ser, sobretudo, a Demócrito, para o qual destino (εἱμαρμένη) e necessidade (ἀνάγκη) são idênticos.

ὃ μὲν γὰρ ἐλπίδα παραιτήσεως ὑπογράφει θεῶν διὰ τιμῆς, ἣ δὲ
15 ἀπαραίτητον ἔχει τὴν ἀνάγκην), τὴν δὲ τύχην οὔτε θεόν, ὡς
οἱ πολλοὶ νομίζουσιν, ὑπολαμβάνοντος (οὐθὲν γὰρ ἀτάκτως
θεῷ πράττεται) οὔτε ἀβέβαιον αἰτίαν (<οὐκ> οἴεται μὲν γὰρ
ἀγαθὸν ἢ κακὸν ἐκ ταύτης πρὸς τὸ μακαρίως ζῆν ἀνθρώποις
135 δίδοσθαι, ἀρχὰς μέντοι μεγάλων ἀγαθῶν | ἢ κακῶν ὑπὸ ταύτης
χορηγεῖσθαι), κρεῖττον εἶναι νομίζοντος εὐλογίστως ἀτυχεῖν
ἢ ἀλογίστως εὐτυχεῖν (βέλτιστον γὰρ ἐν ταῖς πράξεσι τὸ καλῶς
κριθὲν ὀρθωθῆναι διὰ ταύτην).
5 Ταῦτα οὖν καὶ τὰ τούτοις συγγενῆ μελέτα πρὸς σεαυτὸν
ἡμέρας καὶ νυκτὸς πρός <τε> τὸν ὅμοιον σεαυτῷ, καὶ οὐδέποτε
οὔθ' ὕπαρ οὔτ' ὄναρ διαταραχθήσῃ, ζήσεις δὲ ὡς θεὸς ἐν
ἀνθρώποις. οὐθὲν γὰρ ἔοικε θνητῷ ζῴῳ ζῶν ἄνθρωπος ἐν
ἀθανάτοις ἀγαθοῖς. |

com efeito, enquanto os primeiros admitem a esperança de flexibilizar os deuses mediante sua veneração através de preces, o segundo nos condena a uma necessidade inflexível. Para [o detentor da sabedoria] a sorte não é, como a multidão a considera, uma divindade (com efeito, um deus nada realiza desordenadamente); tampouco pensa que ela é uma *causa inconstante*;[283] de fato, ele não supõe que ela dá às pessoas o que é bom ou mau para uma vida bem-aventurada, mas que concede, entretanto, *princípios*[284] cujo produto será grandes bens ou grandes males; julga melhor que uma reflexão resulte em má sorte do que uma irreflexão em boa sorte (melhor, com efeito, o êxito das ações corretamente ponderadas).

Portanto, põe em prática esses preceitos e aqueles que lhes são aparentados, fazendo-o diuturnamente em teu próprio favor e naquele de teu semelhante, com o que jamais experimentarás qualquer estado de agitação interior, seja na tua percepção quando desperto, seja naquela dos sonhos durante o sono, e viverás entre os seres humanos como um deus. *Com efeito, a pessoa que vive em meio aos bens imortais em nada parece com um ser vivo mortal.*[285]

---

283. ...ἀβέβαιον αἰτίαν... (...*abébaion aitían*...).
284. ...ἀρχὰς... (...*arkhàs*...).
285. ...οὐθὲν γὰρ ἔοικε θνητῷ ζῴῳ ζῶν ἄνθρωπος ἐν ἀθανάτοις ἀγαθοῖς. ... (...*oythèn gàr éoike thnetôi zóioi zôn ánthropos en athanátois agathoîs*. ...).

EPICURO:
BREVES TRAÇOS BIOGRÁFICOS E BIBLIOGRÁFICOS

Proveniente, como Pitágoras, da ilha de Samos (no mar Egeu), nascido em 341 a.C., Epicuro era filho de pai emigrante da Ática, do demo ateniense de Gargetos. Interessou-se pela filosofia já na adolescência (por volta dos treze anos), mas apesar de declarar-se autodidata, foi pela posterior instrução, sobretudo por meio de Pânfilo, seguidor do platonismo e de Nausífanes de Teos (filósofo a um tempo cético e atomista), que teve acesso ao pensamento de Demócrito de Abdera. Aos dezoito anos, dirigiu-se a Atenas, mas permaneceu apenas cerca de dois anos nessa cidade-Estado, pois Perdícas (general sucessor de Alexandre da Macedônia) expulsara de Samos seu pai e sua família, bem como todos os atenienses, após a morte de Aristóteles e de Alexandre (322 a.C.).

Epicuro retornou ao seio da família em Cólofon, cidade situada na Jônia, litoral da Ásia Menor, ao norte de Samos, onde, como mestre-escola, se cerca ainda jovem de seus primeiros discípulos. Ali permanecerá durante anos, porém, não atingindo seus propósitos, se transfere para Mitilene, na ilha de Lesbos (mar Egeu), bem ao norte de Cólofon. Tinha então aproximadamente 32 anos (*c.* 311 a.C.); mas sua tentativa de fundar em Mitilene uma escola de filosofia resulta em fracasso. Será somente logo depois, em Lâmpsaco, cidade da Mísia, e ainda assim com dificuldades, que conseguirá estabelecer moradia mais duradoura e instalar sua escola. Durante todos esses anos lutara contra os obstáculos representados pelas escolas de filosofia majoritárias da época, a saber, a platônica e a peripatética (aristotélica).

Finalmente, a estadia em Lâmpsaco revelou-se não só promissora como altamente produtiva, pois a partir de então surgirão para engrandecer o nome do mestre e o prestígio da escola os seus mais fiéis e expressivos colaboradores e discípulos, tais como Metrodoro, Colotés, Heródoto, Pitócles, Meneceu, Polieno, Idomeneu e Hermarco, que seria futuramente o seu sucessor no Jardim de Atenas.

Todavia, Atenas sempre fora o carro-chefe do movimento filosófico no Ocidente e, assim, em 306 a.C. Epicuro decidiu transferir sua escola para lá, para um *Jardim* (κῆπος [*kêpos*]) nas cercanias da cidade, onde por mais de três décadas atuou multiplicando seus adeptos, consolidando o vigor de sua filosofia e ampliando a fama de sua escola.

Epicuro, acometido por uma moléstia dos rins, faleceu em 270 a.C., aos 72 anos. Mas, a despeito de seu desaparecimento, sua doutrina prosseguiu sendo difundida sob a direção diligente do *Jardim*, levada a cabo por Hermarco de Mitilene (Metrodoro de Lâmpsaco morrera em 278 a.C., sete anos antes de seu mestre); a linha sucessória após Hermarco contou com Polístrato (desde 250 a.C.), Dionísio de Lamptres (entre 220 e 200 a.C.), Basílides, o Sírio (200-175 a.C.), Apolodoro de Atenas (150-110 a.C.), Zenão de Sídon (último século a.C.) e Demétrio Lacon. O epicurismo, inclusive, após a conquista da Grécia pelos romanos, foi objeto de uma ampla e calorosa acolhida nos círculos intelectuais de Roma. Além de Filodemo de Gadara (110-40 a.C.), outro discípulo de Zenão de Sídon foi Marco Túlio Cícero (106-43 a.C.). Devemos citar ao lado de Filodemo de Gadara, devotado epicuriano tardio responsável por grande parte da expansão do pensamento de Epicuro não só em Roma como também nas províncias romanas, a figura de proa a divulgar intensamente o epicurismo no mundo romano, ou seja, o poeta Lucrécio, contemporâneo de Filodemo (nascido por volta de 96 e morto em 55 a.C.). Esse entusiasta adepto romano compôs todo um extenso poema filosófico intitulado *De rerum natura* (*Da natureza das coisas* ou simplesmente *Da natureza*), no qual se mostra seguidor fiel e inarredável das doutrinas do mestre. Outras figuras romanas de envergadura também se afiliaram ao epicurismo, entre elas: Tito Pompônio Ático; Horácio; Plínio, o Jovem; e o próprio Júlio Cesar.

Mas o preço que esse grego heterodoxo e rebelde pagou por todo o êxito conquistado e conservado por Hermarco e demais sucessores foi bastante elevado! Decerto não foi condenado à morte como Sócrates, nem ameaçado como Aristóteles, nem condenado à prisão como Miltíades, nem condenado ao ostracismo como Temístocles, nem assassinado como Efialtes, mas tanto seu comportamento pessoal servindo de reflexo aos seus seguidores quanto o teor de sua filosofia (na verdade na sua esperada e compreensível convergência e coerência), ou seja, o seu materialismo confesso, foram severamente "punidos", a ponto de, como afirma Alfred Weber, "nem o politeísmo nem o cristianismo terem interesse em preservar suas numerosas obras".[286]

Dos seus contemporâneos ao fim da Idade Antiga foram muitos os que não só dele discordaram (algo perfeitamente admissível e válido), mas que o insultaram, desrespeitaram e caluniaram.

Quase tudo o que sabemos acerca da vida de Epicuro é creditado ao extraordinário biógrafo e historiador da filosofia antiga Diógenes Laércio (*c.* 220 d.C.). O que narraremos na sequência é baseado em *A vida de Epicuro*, décima biografia de sua alentada obra *Vida, Doutrina e Sentenças dos Filósofos Ilustres*.

Já Tímon de Flionte (325-235 a.C.), pensador seguidor do ceticismo de Pirro e contemporâneo de Epicuro, cobre este último de ofensas, classificando-o como "o pior e mais impudente dos filósofos da natureza, mero mestre-escola insignificante de Samos e, entre os mortais, o mais desprezível". Epicuro foi alvo de um ódio encarniçado da parte de um certo estoico chamado Diotimo, que chegou ao ponto de redigir e remeter cinquenta cartas de conteúdo dissoluto se fazendo passar por Epicuro visando a denegri-lo. O filósofo estoico Posidônio (135-50 a.C.), o historiador e filósofo peripatético Nicolau de Damasco (que floresceu no século I a.C.) e o conceituado

---

286. *Histoire de la Philosophie Européenne*. Paris: Librairie Fischbacher, 1897, p. 123.

orador e historiador Dionísio de Halicarnasso (54?-7? d.C.), ainda que aparentemente não imbuídos pessoalmente de um sentimento destrutivo em relação a Epicuro, o tinham em baixíssima estima, declarando que o nosso filósofo de Samos ganhava a vida batendo à porta de casebres miseráveis, onde, acompanhado de sua mãe, declamava fórmulas de purificação; e que, auxiliado por seu pai, ministrava o alfabeto aos ignorantes, pelo que obtinha alguns trocados; pior, que ele levara à prostituição um de seus irmãos e mantinha uma relação amorosa com a cortesã Leôncia. E, como se isso não bastasse, afirmavam que, no tocante à sua suposta filosofia, Epicuro se apropriara das ideias de Demócrito no que se referia ao conceito dos átomos e, no que dizia respeito ao conceito de prazer, o surrupiara de Aristipo de Cirene (435-356 a.C.).

Outros o tinham na conta de bajulador e oportunista, quer com administradores poderosos, quer com seus próprios discípulos; e que, libertino como era, mantinha correspondência regular com prostitutas.

O próprio Epicteto de Hierápolis (60?-120? d.C.), insigne filósofo estoico grego estabelecido em Roma e que muito influenciou o imperador Marco Aurélio, acusou Epicuro de se expressar em linguagem obscena e não o poupou de uma plêiade de ásperos insultos.

Mesmo o seu biógrafo Hermipe de Esmirna (século III d.C.) refere-se a ele em termos um tanto reticentes e em um tom de preconceito ao asseverar que Epicuro começou como simples mestre--escola e que foi só quando topou por acaso com as obras de Demócrito de Abdera que se interessou pela filosofia, passando então a dedicar-se a ela.

Timócrates, ex-discípulo de Epicuro e irmão de Metrodoro de Lâmpsaco, declarou em uma obra sua que Epicuro, devido aos seus excessos, *vomitava duas vezes por dia*; que negligenciava os cuidados com o corpo, reduzindo este a um estado deplorável; e, indicando o gênero de vida debochado do ex-mestre e do próprio irmão, acrescenta que ambos conviviam assiduamente com prostitutas.

Outras críticas acerbas exibem um Epicuro dado à maledicência relativamente aos filósofos em geral, a começar por seus ataques ao seu ex-mestre Nausífanes; para ele, o sofista Protágoras de Abdera não passava de um trabalhador braçal que acabou servindo de escriba a Demócrito, cuja competência (ou seja, a de Protágoras) não ia além da capacidade de ensinar o alfabeto aos aldeões; Heráclito de Éfeso fora, para ele, apenas um agitador; os platônicos eram "aduladores de Dionísio"; os filósofos cínicos, inimigos da Grécia; os dialéticos, um bando de invejosos; e o fundador da escola cética, Pirro de Elis, um bronco destituído de educação.

A nos fiarmos em Diógenes Laércio, tudo isso é falso e calunioso, e ele o contesta cabalmente, alegando não faltarem testemunhos a favor das muitas virtudes de Epicuro, especialmente de sua benevolência. Enfileira fortes argumentos para sustentá-lo: a pátria de Epicuro erigiu *vinte* estátuas em sua honra; o número dos amigos que granjeou foi gigantesco; o encanto e a força de sua filosofia mantiveram ao seu lado todos os seus adeptos, com a única exceção de Metrodoro de Estratoniceia (membro da Nova Academia sob Carneades, esse Metrodoro floresceu no século II a.C.); as demais escolas de filosofia da Grécia quase desapareceram, enquanto a sua permanece atuante, tendo sempre produzido discípulos capazes de sucedê-lo continuamente (Laércio assim escreve no século II d.C.). E o mais respeitado dos biógrafos da filosofia antiga prossegue: Epicuro foi um filho que manifestou reconhecimento aos seus pais, generosidade com seus irmãos, brandura com seus escravos, respeito pelos deuses e amor por sua pátria; seu senso de equidade o manteve, inclusive, longe da vida política.

Ademais, o *Jardim* de Epicuro em Atenas não era somente uma escola onde se ministrava o ensino de disciplinas filosóficas, mas também uma comunidade na qual se praticava um gênero de vida caracterizado pela simplicidade e pela frugalidade, associadas à fraternidade, qualidades precisamente coerentes com a ética epicuriana.

Independentemente do célebre e valioso depoimento de Diógenes Laércio, a quem devemos, inclusive, a preservação das três preciosíssimas cartas que nos restam do punho do próprio Epicuro, hoje sabemos que, das quatro grandes escolas de filosofia de Atenas, a única que admitia mulheres e escravos como discípulos era o *Jardim* de Epicuro, fato por si só, por assim dizer, "revolucionário e escandaloso" em uma Atenas rigorosamente patriarcal, machista e escravagista, em que as mulheres não gozavam de direitos civis e eram excluídas da participação no governo democrático.

Mas a história ainda conheceria, na esteira de Diógenes Laércio e do poeta Lucrécio, outro corajoso e veemente defensor tanto de Epicuro quanto de suas ideias. Na primeira metade do século XVII surge na França Gassendi (Pierre Gassend, 1592-1655), homem de múltiplos talentos. Embora haja assumido e desempenhado cargos eclesiásticos, Gassendi não era apenas sacerdote de carreira, mas também, em um paradoxo dilacerante, astrônomo que apoiava a mecânica de Galileu e filósofo que criticava o pensamento filosófico hegemônico dessa época na Europa, ou seja, o aristotélico. Não se trata aqui de expor sua filosofia materialista, mas unicamente frisar o serviço inestimável que prestou na reabilitação e no novo impulso do epicurismo. Limitamo-nos a dizer que ele foi mestre do irreverente Cyrano de Bergerac e concretizou acaloradas discussões filosóficas com Descartes, Pascal e Hobbes.

Gassendi realizou um exame a um tempo profundo e minucioso de toda a "herança literária disponível" de Epicuro, empreendendo uma reconstituição do pensamento do mestre, isso em meio a biografias, fragmentos, relatos, mutilações, hiatos etc. O produto desse trabalho colossal foi publicado e figura na suas *Opera omnia*.

O eminente helenista Hermann Usener, de cujo texto grego das *Cartas* partimos para executar a presente tradução, viria a realizar no século XIX um trabalho semelhante, que também contribuiu enormemente para a compreensão, recuperação e restauração do pensamento epicuriano.

As doutrinas de Epicuro, apesar dos ataques a ele e do desleixo calculado de que foi alvo sua vasta obra, não só sobreviveram como influenciaram pensadores das mais variadas vertentes da filosofia e das ciências humanas em geral. O marxismo, inclusive, no seu embrião se nutriu do epicurismo. Para nos convencermos disso, basta ler a famosa tese de Karl Marx (de 1841) intitulada *Diferença da filosofia da natureza em Demócrito e Epicuro*.

No que toca aos tratados filosóficos de Epicuro, como já dissemos anteriormente, de acordo com Diógenes Laércio beiravam a trezentos escritos, que, ademais, primavam pela originalidade. Laércio indica 41 obras, segundo ele as mais importantes. Nós as citamos aqui em ordem alfabética:

A previsão (pronóstico ou prognóstico)
Anaxímenes
Antídoro (dois Livros)
Aristóbulo
Calístolas
Cartas
Contra os megáricos
Da imaginação
Da justiça e das demais virtudes
Da música
Da natureza (trinta e sete Livros)
Da realeza
Da regra (cânone)
Da santidade
Da visão
Do amor
Do ângulo no átomo
Do destino
Do escolher e do evitar
Do fim
Do procedimento justo
Do tato
Dos átomos e do vazio
Dos benefícios e da gratidão
Dos deuses
Dos gêneros de vida (quatro Livros)
Dos simulacros
Euríloco (dirigido a Metrodoro)
Hegesianax
Impasses

Máximas principais
Metrodoro (cinco Livros)
Neocles (dirigido a Temista)
O banquete
O persuasivo ou exortativo (protréptico)
Pareceres sobre as enfermidades e a morte (dirigido a Mitres)
Pareceres sobre as paixões (contra Timócrates)
Polidemo
Queredemo
Síntese dos Livros contra os filósofos da natureza
Timócrates (três Livros)

Lamentavelmente, o que restou para a posteridade foram as três *Cartas* (Ἐπιστολαί [*Epistolaí*]) endereçadas respectivamente aos discípulos Heródoto, Pitócles e Meneceu, as *Máximas principais* (κυρίαι δόξαι [*kyríai dóxai*]) atribuídas a Epicuro e fragmentos da sua extensa obra *Da natureza* (περὶ φύσεως [*perì phýseos*]), descobertos na biblioteca de Herculano. Dispomos ainda das chamadas *Máximas vaticanas* (81 sentenças, das quais treze também constam nas *Máximas principais*) e de outra coletânea de máximas (repetidas ou não nas coletâneas de *máximas* citadas anteriormente), que foi divulgada graças a Diógenes de Enoanda. Embora a totalidade dessas máximas seja atribuída a Epicuro, é bastante provável que algumas sejam egressas de obras de Metrodoro e Hermarco, os mais notáveis discípulos de Epicuro.

Felizmente o mestre do *Jardim* teve o cuidado de redigir, além de seus vastos tratados, essas três *Cartas* que constituem um resumo de sua filosofia. O conteúdo da primeira tem a ver com a *filosofia da natureza* (φυσιολογία [*physiología*]), e Epicuro intercala sua exposição com instruções de caráter metodológico (teoria do conhecimento e lógica), que é como age também na segunda *Carta*, onde se ocupa dos *fenômenos celestes* (τὰ μετέωρα [*tà metéora*]); a terceira *Carta*, a mais curta das três, mas a nosso ver a mais importante, talvez principalmente por conta de seu discurso moral, que a exime da fragilidade científica (diante de nosso olhar contemporâneo), algo de que padece compreensivelmente a *Carta a Pitócles*, trata da conduta humana (ética) e, para nos exprimirmos com máxima espontaneidade, do sentido da existência humana. É conhecida também pelo nome Περὶ τῆς εὐδαιμονίας (*Perì tês eydaimonías*), [*Carta*] *sobre a felicidade*, em italiano [*Lettera*] *sulla felicità*.

Edson Bini

Este livro foi impresso pela Gráfica Rettec
nas fontes Minion Pro e Roman SD
sobre papel Pólen Bold 70 g/m²
para a Edipro.